文心藍

不辜負自己，就是最好的人生

人生中場重開機，以人類圖回歸真我的奇幻旅途

各界推薦

看完本書，直覺此書乃緣於古老學理、卻是近期觀念最新、最浪漫的現代心理學。文心藍透過了嶄新的人類圖來進行自省，學習與自己和平相處，並尋求自我和解。浪漫的她帶領讀者穿越她的人生故事，經由個人來投射你我，讓我們不再抗拒去接受原生家庭的父母兄弟、夫妻、孩子或朋友的征戰，反倒是悄悄地、不自覺地在閱讀中進行了深淺不一的內心革命與大和解，在巨大卻溫柔的自我觀照後，我們擁有了心靈療癒的能力，不但療癒了自己，更療癒了他人。

書中有一段最是感動我，現代人的婚姻生活中總是斤斤計較著誰做得多、誰付出少，當夫妻忿忿不平而衝突時，竟忘了相愛的初心，甚至因而分手。而當我們漸漸理解人類圖的世界，才發現原來夫妻的圓滿關係最重要的正是尊重自我的公平，既是同盟，就要讓對方在相愛的關係中可以擁有做自己的自由，優先給彼此自主與寬裕，回歸當初相愛的彼此，才能讓連結有了情投意合的美好意義。

此書出版，在現代人心匱乏之際，更顯珍貴；謝謝文心藍最大的給予，透過此書與我們有了最美好的連結。

——**黃鼎翎** Jocelyn Huang／十分好創意執行長

人類圖創始人Ra曾說「愛自己，別無選擇」，這句話使我醍醐灌頂（畢竟我曾想盡辦法改造自己、試圖消滅身上所謂的「缺點」）！然而，唯有意識到，你就是光源、活出原廠設定是必然，我們才能放鬆下來，開始發展天賦、愛人與被愛、享受這一生。感謝來到不惑之年的作者文心藍，願意透過分享她充滿困惑的過往，溫暖地同理了你我，邀請讀者去探索，只有你才能為這世界帶來的美好。

——**蘇予昕**／諮商心理師

推薦序

從今往後，快樂無憂

——喬宜思／亞洲人類圖學院負責人

文心藍所寫的這本書真的很難定義，她所書寫的，不僅是一個女人成長的過程，人在職場的各種為難與穿越，還有她所熱愛的人類圖學習與體會，以及她娓娓道來身為投射者的各種生命體驗。

如此豐富有趣又細膩，在笑與淚之間，完整又獨特地訴說著，一個勇敢的靈魂不斷蛻變的過程。我從來沒跟她說，身為她的人類圖老師，我很期待她每一次在課堂上的分享。人類圖若是一座山，老師與學生，也不過是在不同時間，以不同腳程，一前一後走上一段。路上時而天色清朗，時而狂風暴雨，每個人看見的風景各異，觀點不同，矛盾不同，觸動與為難的地方也不同。而當她開口說話時，那語氣總能讓我感受到一股急切的熱力，像要緊抓每個當下，連呼吸都很真實，她迫切想傳遞出來，生命就算有無奈有掙扎，依舊她還是執著、堅持、一邊自責一邊又要自己活得豁達，佐以某種無以名狀的熱情，有時冷不防加點自我調侃來淡化悲痛，加上她思緒分明，表達清晰，在另一端的我，總會忍不住微笑聽著她。

投射者追求成功。她或許很難想像，在我眼中的她、在職場上的她、在生活中的她、在許多人眼中的她，早已是一位成功人士。只是當一個人長久以來總是過度付出，習慣自我苛求，成功者的感覺遙不可及，反倒是失敗者的恐懼如影隨形。我真想大聲告訴她，你已經成功了啊，看看你以如此獨特有趣的方式，觸碰周圍的心靈，透過你的表達、你的文字，你讓我們感受到愛的純粹，看看你寫的這本書，珍貴地講述投射者的心聲，看看你跳脫出苦澀的窠臼，豐收了甜美的成果。

那些你認為缺憾的，或許一開始就不必要，在這次地球探險中，你真正渴望的，早已無須外求。像是成功，你早就是成功的了；像是需要很多很多的愛，其實你早已擁有滿滿的愛，在某個奇妙的蛻變時刻，你已然成為愛，連你都不知道吧，你看不見自己有多耀眼了吧？

自我探索是一段既真實，又奇幻的摸索過程，每個人的節奏與過程都不同，而在每一階段的課程裡，我彷彿看見一顆沉睡已久的種子，蛻去不屬於她的急躁、苦澀、怯弱與眼淚，以美妙的節奏慢慢發芽，開始茁壯，迎向朝陽，承接雨水，然後不知道又過了多久，一瞬間，當漫天星星出來了，山谷裡驚喜地開出一株「文心藍」。多漂亮，而文心蘭的花語是：快樂無憂。

在神祕宇宙的山谷中，一直盛放著，隨風搖曳著，歡樂輕快地生活，幽默看待生命在你面前開展，開放接受各種可能性，盡情去創造，善用你聰慧的頭腦，服務更多人邁向成功，同時學會面對自己的人生，無憂，莫愁。回到內在權威與策略，你早已明白自己的力量。

從今往後，快樂無憂。這就是我們不辜負自己之後，所能收獲的最好人生。

目錄

肆

愛，從幽暗裡透出光明與闇黑對峙

有人說，我的文字，有愛、有願、有力。
鮮有人知，我對待自己與他人，曾經防衛、逞凶、猜忌。
我不是一直光明著，而是身歷過的黑暗，替我透出光明。

自序

人生，值得為自己「重新開機」一次的任性

二〇一八年底，我迎來人生的重大轉折。以即將邁入四十的大齡之姿，第一次加入外商體系任職。這是我職涯的終極想望，因為晚了十年才實現，我一天當十天用，沒放過任何一刻可以用來工作的時間。

同事稱呼我為「文膽」。從小被長輩視為賺不了錢的筆上功夫，在寸秒寸金的職場，居然炙手可熱。我頗有苦盡甘來的欣慰，日夜伏案、多思少寐，整個人就像公司新派發給我的輕型筆電，使用時間過長，不時發出飛機起降時的轟然巨響。

那成為我當時的最佳寫照。二十四小時開機，隨時待命。然而，在夢寐以求的地方工作，面對排山倒海的需求，我的心裡依舊覺得空洞。這真的是我在人生下半場想要過的生活嗎？完全沒把握。

我於是在親友覺得「想太多、閒錢也太多」的聲浪中，踏上人類圖這門知識的探索。第一眼是被課程標榜的「你的人生使用說明書」所吸引，文案的比喻很生動：每個人都有自己的出廠設定，這門學說的目的，**關乎幫助每個人回歸設定本質，做出正確的決策與行動，繼而和正確的關係連結。**

這和我熟悉的命理、星座、塔羅之說，並不相同。不是直接預示未來會如何，而是由你決定要如何。甚至，人類圖也顛覆了我對於未來的擔憂，**當順服自己的原始設計，專注發揮個人獨有的賦能，屬於我的舞台，自會向我展開，毋須外求。**

跟著課堂上的知識脈絡，我第一次認識自己的設定，不是多工作業的輕型筆電，比較接近用途專一的打字機，只要遇上志趣相投的文本，便能為沉寂的文字敲響跫音，步履雖慢，卻聲聲厚實。

所以，不必鞠躬盡瘁，人生，就能水到渠成？我不大相信。多勞者多得，才是我從小被灌輸在腦袋裡的信條。我的老師喬宜思告訴我：「你很聰明，但**你得放下頭腦自以為是的種種假設，讓你的身體作主，活出自己想要的人生。**」

這席話，聽起來更玄了，我的身體能作什麼主？不用腦，怎麼會有好下場呢？我想起求學受挫的諸多場景，不禁冷汗直冒。不過，喬宜思老師的那句「活出自己想要的人生」，深深打動了我。我從來不知道自己想要什麼？我想要的，都是別人告訴我應該去爭取的。然後，得到了，也從未感到由衷的快樂。

就這樣，我的「關機」初始化工程，在第一階課程後啟動。從最基礎的覺察開始，練習感受各種真實的情緒，找到身體的開關，讓錯誤運轉四十多年的輕型筆電就此關機，慢慢回歸打字機的原始設定。這是一場未知的人類圖實驗，也是我活到現在，首次為自己履踐的壯遊歷險。

當年的我，並沒有想到，實驗的數年光陰，最後醞釀成創作本書的能量源起。寫到這裡，全身泛上細小的雞皮，因為，成為一名作者，一直是我的畢生志願，千思百慮、多勞多工，都沒能使我企及這個志願的邊緣，但當我掙脫頭腦的憂思，順隨身體的意志，反而寫成了這一本書，讓我能以寫作者的姿態，站上自己的人生舞台。

很多朋友問我，這是一本什麼樣的書？是人類圖教科書、還是個人自傳小品？我覺得，它**是忠實的探索紀錄**。自我定位的回歸，說著容易，實做起來艱辛，當以「接納自我」為中心，也意味著我必須以更為坦率的心，重新擁抱職場、關係、以及暗處陰影，所賦予我的意義。

書中的每一個篇章，都圍繞著我困惑許久的習題，包括：要如何得到與感受更多的愛？為什麼要這麼賣力工作？關係裡的得非所願，文字背後不為人知的低落和蕭索，究竟該怎麼自處？**我寫下來，不代表我有最好的答案，我能呈現的是，以人類圖作為工具，最親近真我的過程。**

我希望，有緣的讀者，能把這本書，當成是一面對向的鏡。可能你對於人類圖還不了解，既非投射者、也不屬於天性內向的人，重點不在於和我一樣，除了在書中尋找共感，我更期待從這些篇章裡，提醒你感受自己、看重自己、做你自己。

重新開機，聽起來是個任性的詞語，連我自己都曾質疑，這麼做，會不會就像過去無數恣意而為的舉措那樣，結果一事無成。然而，走過這些日子，我很感謝自己的任性，它讓我明白，汲營的「保位」、崇高的「地位」，不及每個人在這個世界上，專門的「定位」來得重要。

我們每一個人，都是獨一而二的個體，自有其運行的規則。想要感受到滿足，不是對主流價值唯命是從、對每件事情照單全收，是懂得尊重內在的天地與界限，選擇自己適合且擅長的事物來投入。

謹以這本書，獻給人生路途中，正在挫敗、憤怒、苦澀、失望中掙扎的你，請記得，**勉力求同，不能換來真正的認同，勇敢存異，你會發現生命恩典的奇異**。

為自己重新開機一次吧，不管走到人生的哪裡，都很值得這樣的任性。

＊若想深入了解人類圖資訊，可至：

亞洲人類圖學院

人類圖 Jovian Archive 國際總部

壹

愛的優先法則

與自己對話

我以為，外面有光，向光而行，便能去到世界的中心，得到很多的愛。

沒想到，內在的火炬，才是世界的重心。愛自己，是愛的優先法則。

密碼 2019，12，19

每隔一段時間，就有不同的系統要求更新密碼。我總是在２０１９、12、19，這一組數字當中，變換著選擇。朋友以為我特別迷信數字二與九，能吸引合作和興盛。我說，它是我踏入人類圖課堂的那一天，２０１９年12月19日，從此慢慢改變了我的每一天。我不迷信數字帶來的好運，而想時刻記得，從頭認識自己的新生感。

２０１９年的12月19日，是個需要上班的星期四。第一階的入門課程，還橫跨了隔天的星期五。教室裡的人不少，老師環顧了貌似職場中堅的我們，打趣地說：「我覺得人類圖要紅了。能夠讓你們連請兩天的假，特地來上周間班，不是這門學科特別吸引人、就是你們的工作太折騰，正思考著要不要當自己的主人。」

大家都有點心照不宣地笑了。空氣裡瀰漫著同道中人的溫馨。和我想像的慷慨激昂，高呼：「Yes, we can make it.」的直銷或傳教的場合不一樣。

不過，我並不是為了老師說的這兩個理由而來。於公，當時我正處於職場的全盛巔峰，經過一段時間的沉潛，終於找到任我大展拳腳的工作領域。和我並肩作戰的盟友，個個身懷絕技，卻從不互相猜忌，反而惺惺相惜。出自投桃報李的心理，我花在工作上的時間，與日俱增。

於私，我已婚、有兩個女兒。在穩定殷實的中產家庭長大，雖然年輕時從沒穩定殷實過，出嫁後，從此金盆洗手。先生「除暴安良」有功，使我歸順安家。平凡的日子，難免磕碰，說不上滿意與否，因為，工作以外的七情六欲，很久、很久沒被我好好感受過。

我懷抱著崢嶸的職場意識走進課堂，慣性隱藏生活裡、低潮擱淺已久的其他面向，只為釐清一個疑惑：「老師，我想知道，為什麼我總是無法感受到成功？我的老闆說，我的特質在於幫助他人成功，勝過於自己成功。」

對於這句話，我心裡並不服氣。這是說，我不夠本事讓自己成功嗎？別瞧不起人了。於是，我一直放任公事極度坐大，私事只能苟延殘喘。我以為的平凡日子，演活了電影《穿著Prada的惡魔》裡的金句：「當覺得私生活危在旦夕，代表工作順利。等私生活毀於一旦，意味即將升官。」

然而，以此換來的職場成就，一點也沒有讓我感受到成功。我不知道自己究竟是怎麼了，**任何事情都無法使我高興。與世界隔著一層巨大的防護膜。我越用力想要突破、融入，世界越以加倍、加速的力道，狠狠地將我彈走。**

老師看了我一眼，「嗯，你的老闆很了解你呢。那麼，你說說看，你以為的成功，究竟是什麼呢？」我答不出來，只好交出手中的麥克風。在那一刻，我才意會到，**我執迷半生的「成功」，虛幻飄渺到連自己也詞窮**。

我原本以為能夠在課程裡獲得解答：我該如何做，才能成功、感受到打從心底的滿足和快樂？孰料課程並不負責解答每個人的人生，而是提供一個全面性的詮釋架構，幫助我們建立起對自己的正確理解。

在我經歷過七階課程的現在，人類圖正如老師當初所預言的，越來越紅。由於知識體系有別於星座、紫微、塔羅，卻又融合了易經、印度脈輪、猶太卡巴拉、占星等原理，讓許多初燃興趣的朋友，不免疑惑：人類圖，到底是什麼？

我很喜歡一個說法，人類圖，形同一本專屬於你的「人生使用說明書」，引導每個人適切地運用初始的設定，以完滿各自的人生目的，如果生來是一枚氣炸鍋，就不該被當成麵包機來使用。善用自己獨有的天賦才華、信賴內建的決策系統，便能活出真實的本我，並找到屬於自己的舞台。

從求解的速成心理出發，當老師說明知識起源和內涵的時候，我開始擔心自己來錯地方，這真的是我想要知道的嗎？這門學問的核心立論，簡直天方夜譚：**不必改進或改善自己原始的面貌，更毋須追求完美，只要活出你應有的樣子。每個人都是組成整體的其中一個面向，也都是萬物光譜中的一個點。**

這完全行不通吧。如果照我原本散漫、善感、胸無大志的模樣來過活，在槍林彈雨的職場，鐵定屍骨無存。組成萬物光譜的一個點？哪種世界會需要落後、又派不上用場的害群之馬？

半信半疑、翻開我的人生使用說明書，上面顯示我是個**投射者**。教材映入眼簾的第一行字，刺激得我眼淚直流：「**投射者，一生追求的是成**

功。」如若不成，即會感受到難以言喻的苦澀。對啊對啊，是我是我。

苦澀，並不是我常說出口的形容詞，卻是親近我的人，最容易感受到的氣場。我以為自己包裝得很好，然而閨密曾經這麼形容：「當事情不盡如你意，你那種懷才不遇的憋屈樣，比苦茶還苦。不是我要推拒你這杯苦茶，實在是喝多了，心和胃都不舒服。」

回首前塵，好像真有那麼回事。我更急切地想知道，該怎麼解苦呢？根據人類圖的說法，投射者追求的成功，不是搶當「成功盡其在我」的超級台柱，而是扮演「成功一定有我」的幕後推手。因為投射者的能量場，就像投影機的光束，專注投射在外，善於觀察環境與他人，具備知人善任、綜觀全局的天賦，是團隊中不可或缺的幕僚與軍師，也能擔當稱職的協調者或管理者。

的確，**我對外在人事的關心和好奇，遠勝於關注自己**。總能明察秋毫，「讀空氣」的功力一流，擅長「喬事」，使之「成事」。我某一任的老闆，評價我最大的優勢，就是黑白通吃，人鬼殊途也能被我搞到水乳交融。這是我的本能，深諳截長補短、魚水互幫之道。

洞察人心的特質，使我在職場上偶嘗甜頭，卻也因為賣弄過頭，隨之吞噬到雙份的苦澀。如同我在公車和捷運上，玩過促狹的遊戲，當我故意與不認識的乘客四目交接，對方總會禁不起我的深深凝視，很快轉移目光。有次我盯著一個男人的後腦勺猛瞧，他不一會兒就轉過頭來，朝我怒目而視。

投射者的能量場，全神貫注時，既穿透、也焦灼，若沒有得到對方的邀請或許可，就長驅直入，跟無差別攻擊沒兩樣，我回想起有個年輕的夥伴，離職的理由是，他受不了跟我共事的氣氛，「天天像被放大鏡檢視、又像在探照燈下被凌遲」。

就算不是聽命行事的部屬，我急於謀成的莽進，往往等不及事情按照應有的倫理與節奏來走，就忙著下指導棋、滔滔不絕發表自以為是的洞見，對於平行的合作單位而言，積極度固然可取，但我承受不了拒絕，當意見不被採納，挫折全寫在臉上，渾身苦氣沖天。

在2019年12月19日的那一天，我最後並沒有得到「如何才可以感受到成功」的答案，而是試著以投射者的能量角度，重新思考**「什麼才是我以為的成功」**。我優先做的第一件事，是將過度發散於外的光源，回歸聚焦於漆黑一片的內在。過程無比煎熬，我發現自己汲營於表象輝煌，是為了逃避內心倉皇：我和原生家庭的認同問題、我與伴侶的競合關係，以及我在女兒身上，看到了無助且無依，始終被我摒棄忽略的內在小孩。

書上的知識告訴我，當投射者專注於自己真心喜愛的事，待時機成熟、得人賞識，一切終將水到渠成。在我實踐投射者的人生使用守則、試圖替自己重新開機的最初，我依附著鍾愛的文字創作，一字一字挑開那些被我埋藏至深的舊創，**與內在握手言和，調校心底失衡與失焦的鏡頭，看見原始的我，就是這樣，並允許自己可以這樣，用漫步的行板，向生活和**

職場投以寫意的眼光。

我不會說，上完課以後，我的人生突然出現劇變，轉角就遇上馬到成功的奇蹟。但比起能否感受得到成功，我現在更在意是否感受得到自我。哪怕外在換頁翻篇，心內始終翩翩。然後，某一天，在夏日迎來秋涼的轉折季節，我獲得了生命中、迄今最重要的邀請，得以寫下這本書，用我這幾年跋涉的經緯，作為燈引，盡一己之力，讓每個人獲得些許的光源，照看、回望自己。

是啊，人生近半，這是我最能夠感受到成功的時刻。原來成功的感受，如此豐盈，胸臆滿載得像待發的風帆。成功的感受，也如此謙恭，我明瞭宇宙的美意，**相信自己的存在，是為了完整萬物諸象的一環，能投射出斑斕光彩，是源於生命同等斑斕的內在。**

睡美人

我很喜歡睡美人的故事。一直以為那是出自戀慕白馬王子的荳蔻情節。

讀了《人類圖：愛、關係與性》一書附錄的章節〈用人類圖解析睡美人〉，才恍然大悟，這個童話故事，從根本反應了身為投射者，對於被辨識出才華、獲得他人肯定的渴盼。如同書中描述，投射者在遇到真正認識與察覺自己才能的伯樂之前，好比公主沉睡一般。

若想復甦轉醒、進而發揮所長，**投射者需要等待正式、正確、專屬於自己的邀請，**作為解除封印的法杖。**特別是在工作、情感、居住、人際

等四大面向，唯有如此，才能如魚得水。

在獲知自己是投射者之前，我更早從性格測驗裡得知，我屬於**內向者**。比起共處，我更愛獨處。沉浸在自己的世界中、不由自主地漫想，總能帶給我近似充電的感受；過多外界的接觸和刺激，則使我不適，容易焦慮恐慌。

由無數慘痛的經驗，我也很早就學會：安靜沉隱、不擅交際的小白兔狀，在競爭激烈的求學和求職路上，只會讓我失分，因此我必須**假裝**。Fake it until make it，弄假直到成真。喬裝了快要二十年的工作狂、外向者、母老虎，我已經練就閉著眼睛都能積極進取的本領，一時要我返璞歸真、無欲則剛地等待邀請，我做不到。

這成了我最大的修鍊。等著被喚醒的沉睡時光，我遇過真情的王子，也見過矯飾的鬼神。無謂好壞、正負，感謝他們願拿自己的真身，教我認識何謂「正確的邀請」。不僅是正式的、有禮的；**還是公平的、**

自在的、任由伸展的——那是出自於對一個人的本質，深邃的理解和無私的欣賞。

在我決定離開醫療產業時，才發現我已經懷孕三個月。當年心高氣盛，並不擔心找無新工作傍身。大不了休息一陣、把孩子生下來再做打算。此時，相識許久的老戰友打來，問我願不願意接替她的工作，她即將轉赴對岸發展。如果不排斥，她便安排我和營運長聊一聊。

我沒抱持太多期待，更沒做任何準備。一來那是我壓根不熟悉的遊戲產業，再者，我的肚子不出幾個月便要現形。論專業度和適用性，我都不認為自己是合格的人選。聊一聊，我頗為樂意，就當多認識一位業界的領導菁英。

那是我經歷過最愉快的面談，沒有之一。嚴格來說，我不覺得自己在被驗試，測測我有多少實力。而是在交流，除了好奇我對於溝通產業的認知，也關懷我在其他領域的熱情，包括我的興趣、我的夢想、我當時想都沒想過的人生下半場，會以什麼姿態展現。

營運長穿得比我年輕入時，一耳掛著潮流的鉚釘。他騎乘的公路車就斜斜地放在入口一角，告訴我下個月就要出發去環島。我心想閒聊至此，職位應該是沒指望了，不料，隔幾天就收到錄取通知。

等我們比較熟稔之後，我曾好奇，他怎麼會選擇用一個待產的孕婦呢？實際能上工的日子不過半年多，不怕我能力淺薄、賺完產假就走？營運長面色自若地回答：「那是你的選擇，我擔心也沒用。我看重的是你的特質，跟你有沒有懷孕是兩回事。至於你要如何在短時間內，帶得動團隊運作，這就是你的課題，我相信你會用自己的方式搞定，我又何必替你害怕？」

這一席瀟灑的話語，是我在企業端，第一次真切領受到的「信任」。在信任我的專業之外，擴大信任了我的本質：堅韌、重情、圓融。雖然我不曾成為厲害的玩家，但遊戲產業一直被我視為職場上永遠的娘家，在那個人人看起來都是青少年的娘家裡，我得到了對於專才的尊重，感受著大家對於創作產能的看重。

走筆至此，突然生出許多頓悟，**能給予投射者禮遇和厚待的王子，必定是懂得自重、自信、自愛的人，所以，我們也要培育起自重、自信、自愛的心，才會和王子聲氣相通、心心相印。**

如果說第一次的邀請，是從天而降的機緣。那麼第二次的邀請，則像突墜冷谷後、筆直照進的暖陽。「娘家」遊戲產業照拂了我四年多，我自認羽翼已豐，壯志凌雲地用裸辭向它告別，結果因為自負驕矜，迎來職場生涯最大的低潮。在長達近一年的待業期，天天與電話心戰拔河，既緊張接到電話，思忖自己有多少贏面；也擔心電話不響，自己正逐漸喪失就業身價。

一個下雨天，一通獵人頭的電話打過來，聽起來是個很好的機會，也是個我自覺錄用渺茫的機會。待業期的回音冷淡，幾次面試又拒絕得斬釘截鐵，早磨光了我所有的自信，唯一剩下的，是日漸透澈的自知之明。

對方力勸我去試試看、不去怎麼知道沒機會。我答應了，站在鏡子前，順便做了一個大膽的決定：換上喜歡的襯衫和煙管褲，戴回褐框眼鏡，我想以最接近自己真實的樣貌去面試。

那是我披荊斬棘最多關卡的面試。說不在意得失是騙人的，我只是換了一個心境，不去揣測對方大費周章的用意，也可以直視對方的眼睛，回答相對尖銳的問題：「你為什麼裸辭？上一份工作待了蠻短的時間就離開了？」坦承我的躁進和倨傲，把歷程當作是自我的反省與叩問，當自己可以說出不經文飾的血淚教訓，我感覺自己並未虛度光陰。在伸手不見光的冷谷之中，率先直起身的，是對自己誠實的腰骨和心靈。

最後一關的考核，是必須在資訊很少、沒有前例可循的條件下，勾勒出我對於這個職位的當責與貢獻。朋友紛紛提醒我，小心浪費時間、替企業白做功課。我以投稿百萬文學獎的心情赴約，不求獲獎百萬，只想在這個高手如雲的場域，盡情地把我熟練的技能，好好揮灑一次。

結束之後，我走去對面的商場，點了一塊最昂貴的蛋糕來吃。沒有收入的日子，下午茶是負擔不起的奢侈。蛋糕吃到一半，電話就響了，獵人頭說對方很滿意，希望邀請我成為團隊的一員。芬香的奶油停留在口腔裡，還來不及被消化完，熱辣辣的淚意就從喉間翻山越嶺，被首肯與珍惜的感覺，亦酸、亦甜、亦洶湧。

正式上工那日，當時面試我的主管特地走到位子前，慎重地與我握手：「我想歡迎你正式加入，也很謝謝你願意加入。」我沒想到會被如此多禮看待，何況對方已是日理萬機的總字級人物，在日後與他共事的期間，這份禮節、溫情從未改變。溝通層面的意見，偶有相左，他總不厭其煩地把話語權、優先讓渡給我。

曾聽過一句老生常談，職場求存，三分做人，七分作秀，切莫戲假而情真。我卻何其有幸，能在職涯過渡的階段，先後遇到這兩位王子，鼓勵我做自己，並由衷支持我以擅長的方式，完成自己想做的事。

這就是**「正確邀請」的真諦，先釋出對等的敬重，以維護雙方立足的平等。也願意包容個人所呈現的差異，使其舒心施展。**

從「正確邀請」的精髓，回到「等待邀請」的策略，我已不再心焦，學會把等待的階段，看作整裝的前置，藉此盤整那些「犧牲」、「委屈」、「膨脹」、「武裝」的心態。之所需要等待，不代表技不如人，只是需要時間，懂得將「照顧」、「成全」、「開放」、「誠實」的意念，運用在自己身上。

先成為真心懂得自己、喜歡自己的人，一定會迎來足夠明白你、愛惜你的那個吻。

超能力

我有一種神奇的能力，最常發生在公關產業裡描述的「千鈞一髮」、或「臨門一腳」之際。

重大的活動，我通常會全場巡視一圈，特別勘查我感覺有異之處，因而發現某些防護不夠周全，可能會讓貴賓滑倒、藝人走光。面對不成功便成仁的關鍵簡報，我總是當天起個大早，在打開檔案的瞬間，迎接不知從何而來的提示，引導我變更破題主旨、對調內文順序。有一次甚至把數十頁圖表全部刪除，只貼上當天的新聞頭條。無論看起來有多瘋狂、多違背常理，最後總能順利通關。

所以，熟悉我的同事，會拿手邊的文案、創意，來讓我「開光」。有時，感覺「中了」的原因，自己無法解釋，如同嗅到「害矣啦」的前兆，也提不出任何科學證明。

在一次莫名預料到廠商不懷好意、而另覓合作夥伴之後，沒多久就聽到對方惡意拖欠款項的消息，同事很是詫異：「太可怕了，難道你會通靈嗎？」我笑笑：「怎麼可能？僥倖而已。」

說通靈，我真沒有傳遞陰陽訊息的天賦，而從身體某些感官發出來的微妙靈光，又遠非僥倖可以形容。還沒有認識人類圖的系統知識之前，這項特殊的感知與覺察，就被我當成瞎貓碰到死耗子的僥倖，以及從幻想世界偶爾落地的確幸。

慢慢地，當無法解釋的訊號閃現，我一律視為「秀逗」，一定是我太累了、芭樂劇看太多、不然就是我太主觀。捨棄不科學的超能感應，回歸邏輯常軌運作，日子和工作也照實前進，這使我認清了自己的某些能力，好像也沒那麼神。

我有一個耿耿於懷的職涯小汙點，和我的超能力有關。也許時間終會刷淡這個汙點，卻滌不淨我的罪咎感。除了對當事人感到抱歉，也對當時無視體內警訊的心態，追悔莫及。

事件的起因很小，就像日子在燒餅表皮上點綴的芝麻屑。每一年，傳統三節的贈禮是我們必須替客戶殷勤打理的例行公事：農曆年、端午節、中秋節，再加上重要人物的生日，圈成行事曆裡不能被遺忘的小星星。從我當小AE（專員）開始，舉凡禮品的選薦、賀卡的設計、精準派送到定點的學問，無一不操練到滾瓜爛熟。

那年的中秋特別早，忙得燎心的盛夏檔期才剛剛收尾，轉眼又到了送禮的季節。無數比送禮更急如律令的任務，地鼠似的從各處竄出。我無暇一個人看頭看尾，便叮囑團隊裡的小夥伴，禮品清單和賀卡打樣，出去前記得讓我看一眼。

禮品的項目，客戶沒問題。賀卡打樣，客戶也沒太多意見，只提醒我，如果沒什麼大問題就快快寄出吧，否則錯過節日是很失禮的。

定版送到我面前時，渾身起了一陣異樣感。精準描述的話，很接近被憋急的尿顫。我原本應該正視這個不尋常的感受，但注意力很快就被響個不停的電話所轉移，一抬頭又發現有好多湧進的電郵來不及處理。

好吧，別再糾結這些有的沒的了。上完廁所回來，我迅速檢查錯字、品牌識別、紙卡的色澤與質感，看起來都很好。我快速寫信給客戶，告知即將寄出，客戶也很快地回覆ＯＫ。

當禮品全數派送完畢，我放自己兩天假準備與世隔絕。車子還沒開到世外桃源，便接到老闆氣急敗壞的電話。一開始，我完全聽不懂成串的連珠炮在叫嚷什麼。聽起來像是責怪我替客戶設下了一個圈套，搞得現在天翻地覆了我曉不曉得。

蛤？圈套？我何德何能？只是把中秋賀禮與賀卡，依約寄出去而已啊。這句話一腳踩中了事件的痛處，電話那頭立即提高分貝：「你還好意思說？你到底看過賀卡沒有？你知道上面只有客戶的署名，卻沒有總經理的落款嗎？」此時，冷不防的尿顫，由尾椎直衝心尖，和之前顯現的一模一樣。

對，就是這個。我之所以感覺異樣，是因為賀卡套版，這次少了雙署名的形式，直接以客戶名義送出。以至於收到禮物的對象不明究理，以為我的客戶高升，紛紛致電道賀；更有好事者，把賀卡直接拿給總經理「觀賞」，暗示部屬有僭越之心。

處於講究輩分倫常的企業，這是攸關生死的錯誤。一句落款的過失，背後所代表的意義，可大可小，細思極恐。客戶當然對我發了一頓火，但和組織內承受的壓力比較起來，小巫見大巫。我不斷賠罪，對方只顧緊抿著下唇，簡短地吐出一句：「不要提了，向前看吧。」

汙點，讓我渾身都生出了第六眼。有好一陣子過著草木皆兵的生活。那些忽明忽滅的靈光乍現，十分難捉摸。動念提前防範的，常常是假警報；被我輕輕放下的，事後證明是縱虎歸山。我曾沾沾自喜的超能力，看起來跟神經質沒兩樣。

為此，我嘗試過許多跨領域的學習，靜坐、冥想、阿育吠陀療法，想找出如何親近和運用潛在能力的方法，最後在人類圖的浩瀚宇宙裡，先找到一個專屬的指稱：直覺權威。

權威，是每個人與生俱來的內在決策系統，我將之設想成人人都具備的一種超能力。超能力各有千秋，而我賴以決策的依歸，是只發生在當下，稍縱即逝的直覺。

與直覺相對應的身體部位，和淋巴系統有關，主理人體的免疫功能，就像遍布全身的小耳朵、小鼻子、小舌頭，透過聽覺、味覺、嗅覺，發送各種示警訊號，確保我們生存無虞、並與正確的人事連結，建構出安全的關係。

那些來得懵懵懂懂，直覺藉由體徵朝我打暗語的用意，是要提醒我「危險！歹路毋湯行」。若是錯過了，可能會換來慘痛的代價。

當得知自己居然得信靠直覺、做出各種重大選擇，心底湧出源源不絕的衰小感，這個權威有跟沒有一樣，要如何確定一秒瞬間的感覺，是直覺、而非頭腦編織出來的幻覺呢？

這成為我學習臣服的開始。老實講，我不喜歡這兩個字，一生都在極力避免俯首稱臣。所以我作工精良的頭腦，永遠忙著發揮強大的分析與思辨功能，大事小事，都要一一列出孰優孰劣。**我會錯失當下的直覺警示，是因為我當下的心思，從來不在當下，而在拚命擔心下一秒會發生什麼事，我要快點做些什麼事。**

如果把我的人生上半拍成電影，只會出現兩種時空，**我在當下遙控未來，到了未來，又無法克制對過去的緬懷。現在，一直不存在。**

修鍊直覺的這幾年，我看過很多相關的書籍，也做過無數實驗。茱迪斯·歐洛芙的《臣服的力量》，對我的影響很深，引導我從不同的角度，來看待「臣服」，它絕對不是坐以待斃的「認輸」，是學習「順隨」意料之外的可能性。活在當下，盡其所能，不苛求盡善盡美。歐洛芙寫道，**我們不可能要什麼有什麼，可是總會得到自己需要的**。

此外，我也改變了對於直覺的顢頇心態，不要試圖主導、驗證直覺，疑神疑鬼、全神戒備，深怕再度失之交臂。只要保持專注與喜樂，面對新開啟的每一天。很多著作都不約而同地提及，**健康、樂觀、正向，是最能提升直覺感受力的頻率**，我依循《直覺力》一書中，作者艾瑪·露希·諾斯的建議，早晨醒來，滿懷感恩地聚焦一件好事，也在臨睡前的晚上，回顧今天發生的所有事，不迴避、否認、合理化負面情緒。

朋友好奇，這樣做之後，直覺的勝率有多高？**絕對的避險，是頭腦的思維**。我最大的勝利，**是從頭腦那裡，收復了對於身體的熟悉度和敏感性，重新取得和五感與內在的連結**。用張愛玲的話來說：「我懂得享受微風中的藤椅，吃鹽水花生，欣賞雨夜的霓虹燈，從雙層公共汽車上伸出手摘樹巔的綠葉。」

而換成我的話來描述，我學會在無法預期下一步的生命鋼索上，盡情跨出每一步。**如同相信主的恩典夠用那樣，深信我的直覺亦很足夠。**足夠睿智，能替我媒合，所有我應該涉足的經歷；足夠機敏，護佑我遠離雷同的泥濘和深淵，省去再次失足之苦。

直覺不會每一次都告訴我，結果究竟能不能奪標，只擁戴我無懼地投入過程。不管是「千鈞一髮」、還是「臨門一腳」，我知道，當下的驚險、意外、危難，是為了成就長遠的生存。**人生的旅程，如果都在趨吉避凶，可能永遠長不出小聰明以外的大智慧、大慈悲、大無畏。**

世事波詭雲譎，順勢而為、為所當為，就是宇宙賦予我的超能力。

愛的主打歌

蘇偉貞的《陪他一段》，是我第一本窺探兩性情愛的啟蒙小說。無論以幾歲的眼光來看，那都是個悲傷的故事。女主角苦愛而不得，最後以身相殉，結尾的那句：「我需要很多很多的愛。」彷彿一語成讖，預示著我日後的逐愛之路，荊棘滿布。

讀的時候，我剛滿二十歲。蘇偉貞早已享譽文壇，寫盡了輾轉的情愛臉譜，但沒有一個像《陪他一段》那樣令我神往而掛住。每逢情場失意，這個故事，總會被我再拿來淚眼婆娑一次。

好朋友看不過去，一個刻骨卻虛構的故事，值得我這麼多年的對號入座嗎？她不是纏綿的文藝種，一席評點，很鏗鏘直入：「你知道，有些男人就像甘蔗，一開始吃，甜得很，到後來，滿嘴渣。這故事就在教訓你，沒有吃甘蔗的牙口，別碰甘蔗。快點給我振作起來，世界上多的是不用吐渣的水果！」

我掛著淚，心裡明明很淒慘、仍然笑得像噴飯。談感情，我挑食得很，最後偏偏選到最傷脾胃的。好朋友則生葷不忌，此處落屎、那就換攤再來，通通收攤了，餓肚子也挺帥。愛，於她而言，永遠不是主食，只像配菜。

書裡那句，我需要很多很多的愛，之所以讓我回味再三，因為這也是我的欲求不滿。人生餐盤裡怎麼盼望都吃不到的天菜。我羨慕書中的角色，可以明確無遮攔地說出來。

在成長過程裡，我不曾被餓養過。愛，卻以超齡的方式呈現，我愛嬌地模仿卡通人物的聲嗓，在樓梯口迎接爸爸回家，故事中的父親會將她高攬過頭、順勢坐在自己的肩頭。我爸則靜默得多，拾階而上的步伐顯得沉思過久，他對我說：「馬上升小學六年級了，要有大人樣子。讓鄰居聽見了多不好意思。」

愛，在家裡，是一個處處撙節用度的字詞。有一回，我硬嘴跟我媽討愛，怨責她偏袒弟弟太甚，我媽的回應使我的硬嘴立即癱軟：「愛，是有條件、一去一回的。你有沒有想過自己是什麼德性，夠不夠格要求我？」

由人母的角度觀之，我媽講得沒錯，我的確不是乖順的孩子。早年我爸長駐在外、我媽身兼數職，我現在可以明白，她並非不愛我，而是說愛太虛無、太花時間，一家子狗屁倒灶的事情，都指望著我媽去做。能吃飽穿暖、供我念私校，難道搆不上愛嗎？有閒功夫拉扯這些，不如把握時間睡覺。我媽是個更看重麵包的務實派。

但當年的我，無論如何也想不透，於是開始向外發展，索取自己始終覺得被餓著的。少時對於情愛的義無反顧，另有他圖，**我不是要找一個情人或伴侶，我是以身體與靈魂，招租一個父親母親、一片遮蔽我所有癖病的家簷。**

我愛過各式各樣的男子，有浪蕩、有篤實。有的希望能在二十八歲結婚、三十歲生滿一個「好」字；有的鎮日上演轉角遇到愛的濫情戲碼，請求我能接受開放式關係。其中，最吸引我的，莫過於硬頸而清高的才子，能將世俗睥睨成一口吞雲吐霧，寵縱著我的怪誕，視我為珍稀明珠。繾綣，不敵日子長久。神複製《陪他一段》的情節，任何一段感情，**只要對方先滿足我對於護佑與供給的心理缺口，我便心甘情願地成為「母親」的分身**，包容男人在日常生活的失能，替他們應付各種棘手問題。

當然，我也啞忍那些真真假假的露水情緣。其實，區辨真假從來不是關係的重點，我們心裡的感受，做不了假。我相信某些出走，是對方嘗試拋設的台階或軟釘子。有時，毅然分愛的決斷，遠不及墜入愛河的果敢。

情到深處，亦非全無怨尤。是沉沒成本的執著、害怕落單的擔憂，麻痹所有感受。為愛狂亂的許多日子，艾蜜莉亞的〈Big Big World〉時常被我掛在耳朵上聽，成為顛沛日子裡唯一的主打歌。

「在這個茫茫的大千世界，我已經是個大女孩了，就算你離開，恐怕也沒什麼大不了的。」我跟著歌詞與旋律，在前往公司的路上匍匐前進。「但內心的想念無比真實，這一切到底是怎麼發生的、又為何要結束呢？」唱及此，無以名狀的痛楚，刺穿了軟語呢喃，我以極其醜陋的姿勢跪坐在路邊，片刻覺得，小說中的女主角選擇死亡，也許是相對輕鬆的事。

耳邊再度響起這首歌，是在時光流轉了十數年之後、人類圖五階的研修課程上。我們屏氣凝神，心裡互相手牽著手，以全面的知識基礎，回看人生縱橫的關係阡陌。

人類圖率先揭穿了一個事實：頭腦戀慕的，並非身體需要的。我長期鍾情鬼才帶我脫離現實，也盼望成為獨一的謬斯，豢養對方的才情不衰。然而，身體牽念的，是能與我胼手胝足、一起造厝的後盾。

超凡入聖的頭腦思維，如同電影《追夢人》裡的富家千金，不惜與世界為敵，換取與古惑仔亡命天涯的愛與自由；我的身體卻沒那麼不食煙火，越過天涯，仍祈念對方為我褪盡羈狂，共生一把灶頭的火。

這深深左右了我在「愛」裡的行事作風，一面出演寬容的「母親」人設，傾其所有，讓男人不虞匱乏；另一面換上專情與專橫的「家管」臉孔，要求對方必須完全服從我的原則，在愛或自由、共存或獨活中做出取捨。我以為必須取捨，我就做出了取捨。愛是有條件的，我給出全部，你不能有所保留。

為什麼有的男人對我發出喟嘆：「我愛你，可惜，你愛的並不是我。」我總算聽懂了。他們比我更早發現，初時愛得投契，我不過是愛上想像的投射。

課程接近尾聲的時候，喬宜思老師給我們一些沉澱的時間，檢視自己的輪迴交叉，在關係當中扮演的角色與意義為何。**輪迴交叉**，由人類圖裡太陽和地球所坐落的閘門所組成，彰顯出**人生主題，代表我們真正的使命與標的。**

我喜歡將之比喻成主打歌。綿亙我們的一生，傳唱不停歇的主旋律。主打歌都很想要登上冠軍寶座，期許自己的人生熱銷長紅。就像我的輪迴交叉「愛之船」，從芳華到不惑，唱出愛的叩問、熾熱與殆滅，我曾多麼盼望有人會奮不顧身來愛我，我需要很多很多的愛。

重新觀看「愛之船」的定義：「關心福祉是其天性，透過了解自己在事物發展過程中的定位，將多樣性帶入生命之流。」我有了一些截然不同的體悟。

如今寫愛，已然沒有早年萬水千山的飄泊感，我清楚這會是一生的跋涉，從獨身、躍身為人妻與人母，也許轉瞬便會迎來曠蕩的空巢期。我見證過愛的多重面貌，也在愛的駭浪與流轉間，學會徜徉於當中的浩浩與淙淙，再不試圖截彎取直、整治流向。原來，不是只有海枯石爛才算愛，順流聚散，也是。

若現在問我，愛，真的有條件嗎？我依然會回答，有的。**愛，最大的條件，是保有自己、惜取自己。不奢望他人在愛裡，遞補任何從缺的席次，不拋售自己來換取愛。當感覺需要很多很多的愛，我會悄聲提醒自己：「別怕，有我在。」**

在偶爾成行的女人KTV，我會唱的新歌依然掛蛋，最大的改變是不再唱招牌的〈Big Big World〉，改點孫燕姿的〈愚人的國度〉，這也曾是一首寄放我無數痴狂的大悲歌，朋友戲稱，我傻愣的程度根本是愚人國的國王。

我樂於受封成為愚人國的國王。正是因為這些嗔痴、魯鈍，我現在學會要怎麼獨唱、協奏，把愛，唱成動人的主打歌。賣不賣座，不打緊，能讓自己和珍惜的人，在歌聲裡好好安坐，就值得了愛。

斷橋

去年夏天開始，我發現自己陷入了一種陌生的境界。徵兆不好言說，只先排除了我一直懷疑的更年期早衰，醫生用笑匠的語氣告訴我：「您的『小房間』狀態良好，隨時可以生三寶。」

出了診間，完全不覺得這有什麼好高興的，人生近半，現在還生孩子根本就是在耍寶，和朋友口頭抱怨了幾分鐘，朋友說：「你會不會是中年危機啊？瞧你厭世的。」

我用手機查了維基百科，定義的中年危機如下：「人到中年懷疑自信，為求證明自我，行為奇異。」「懷疑」於我是家常便飯，「行為奇異」還不至於。

下一篇，瞄到心理師蘇絢慧的文章：「中年最具有威脅感的情緒是『停滯感』，讓人困限於『我只能這樣？』，生產力停滯，整日消沉無力、死氣沉沉，對什麼都失去滿意和希望。」

嗯，這個描述稍微接近一些。具體來講，我不是生產力停滯，而是覺得自己無論做什麼，都顯得不符合現行的需要。努力，也不是；擺爛，我又做不到，活像派對上等不到人邀舞的壁花小姐，尷尬得很。

在中國發展得紅火的前老闆，想要推薦個新工作給我，隨口問了問我目前的職級和待遇。我看著他的訊息，久久不知該怎麼回應。據實以告嘛，感覺這些年都白混了，愧對他的教導；不過明擺的事實，浮報遲早會被揭穿。

幸而那個職缺早一步找到合適的人選，不再需要舉薦了。我鬆了一口氣，卻旋即感受到暈眩和焦躁。日子在早晨的一鼓作氣中開始，世界始終找不著該我出力的地方。我不時打破投射者「等待邀請」的天條，四處攬事來忙，結果證明瞎忙一場。夜晚躺上床，四肢跟著塌陷，與漏了氣的皮球無異。

人類圖的斜槓，發展還算順暢。線上，我能對著來徵詢的朋友說出或激勵、或達觀的偈語，勸解她們順服於命運的給予，選擇對自己正確的事情來做，比把所有事情做對還來得要緊。線下，我倔強而張狂，不想聽天隨命。

沉浮了一些時日，我找上了命理師。當我向他人鼓吹要勇於探索過程，自己也只是囫圇吞棗、急切索取解答。簡直諷刺至極。我問出的問題，速成得如同一只即食罐頭：「請問我是否適合離開職場，開創自己的事業？」

當時，我正著手寫書，這件被我視為生命中最大恩典的事，替停滯的中年引入活泉，我又能感受到肺腑與脈搏的流動，鼓譟著、亟欲掙脫目前的牢籠。

首次徵詢，命理師請我稱呼他為「大叔」就好，他有個聽起來詩意的別名：千里淳風，出版了他的命理著作《你以為的偶然都是人生的必然》。我想在最快的時間內搞懂，我現在經歷的，究竟是偶然還是必然。當然更想驗證，選擇離開現在的處境，對我而言是最好的必然。

大叔客氣地回稱我「姑娘」，仔細閱讀我描述的現況。請我且等三日，他會告知我問卦結果。並先祝福我心想事成。

三日後，大叔的答覆來了。我剛開完一個漫長的會議，打開簡訊的手，微微在發抖。大叔評點了我的八字，說我命中偏印星最旺，天生具有優異的領悟力與理解力，鬥志昂揚，偏好獨樹一格的思考與創造。搭配其他星宿條件，的確很適合轉行從事創作與身心靈服務行業。

不過，若要賴以謀生，我的運勢不算鼎盛，必須加倍努力，才能吸引到相對的關注和財富。此時貿然轉職，則好比卦象所示的「斷橋」一般，因為初期的收入不穩，經濟壓力太大，火土過盛，反而容易半途而廢、最後不了了之。

看了大叔神機妙算的一席話，心底直發涼，不過並不感到意外。八字顯現的優缺，與人類圖展露的短長，不謀而合。我雖以創意與捷思見長，然而，思路過度發達，亦導致焦慮和急躁。

而掌管生命動力的四大能量中心，全數欠缺穩定能量運作，懶怠疲軟、心猿意馬，根本就是我的同義詞。兩次裸辭的職場大休息，我發現自己的自律性和續航力極差，單靠一己之力，想要創建文學事業，進度老牛拉車。成果不如預期，心浮氣躁更寫不出東西，便鎮日無所事事地幻想、夜以繼日地追劇。

依據我的命格和本性，大叔給出中肯的建議，不要輕易放棄穩定的工作，在主業外，把握零暇時間精進，三年後必有所成。以時間換取空間、又不會受制經濟無援而虎頭蛇尾，是大叔認為對我最有利的策略。

從小到大，給人相命卜算的經驗一籮筐，我很感謝大叔的誠實與務實。我媽說，同樣的道理她說得嘴巴都爛了，從沒聽我說過一聲謝，倒把命理師的話奉為圭臬，真是跟錢過不去。

我以為，這就是人之所以求助未知玄理的心理關鍵。與其說是奉為圭臬，其實是自我實現預期的心念，期待命理師的鐵口直斷，支持自己的想法和做法穩妥無缺。

在與人進行人類圖諮商的時候，經常可以感知到這樣的預設，**對於口中懵懂的選擇或未來，對方早有定見，但求心安和保險。如何給予適當的資訊、不逾越自己的角色，將選擇權交還給對方**，是身心靈從業者的專業，也是修為。

大叔的誠實，因而更顯珍貴，尤其在闡述論斷時的均衡和客觀。和人類圖強調的「二元性」如出一轍，沒有絕對陽光普照的命格，才情傲人的背影，是不切實際與好高騖遠。此外，大叔還花了時間去了解我口中的人類圖，寫下這樣的見解：「這是一門博大精深的學問，恐怕窮極一生，也不見得能鑽研到透徹。您還得不停地精進自己的技能，等待『厚積薄發』的一日。」

務實的一席話，映照著我的冒進和自矜。一眼看穿了我只是把人類圖技能，當成脫離現況的跳板，短線思維，恐怕會使我跌得更深。從事身心靈服務，能量場的相互牽引，屢試不爽。立志淺薄，也注定自限淺灘。

結束徵詢後，我在原地發愣了好久。眼看好幾台電梯，在我面前上上下下，有過盡千帆的怔忡。同樓層的清潔阿姨晚班上工時間到了，大聲把我喚醒：「妹仔，我欲來去樓頂，你咁有欲來？」

我定了定魂，趕緊回話：「有喔，咱作夥來去。」隨著電梯一路攀爬，腦中忙碌轉起跑馬，斷橋，不就是我的職涯寫照？拿著自認堂正的理由，一遇到轉折或變化，就半途出逃。

代理商做得好好的，上級有意培養我接班，我不甘做人手腳、跳槽到企業想做人頭腦；企業不只需要動腦的人，我既不願當家臣、更不屑做弄臣，如此東奔西跑。

沒有明確的標的，轉征就是蹉跎。我不知道大叔從命盤裡看透了多少，一句斷橋，讓我願意正視事實：我的人生，終於到了無法再逃、也沒本錢再逃的地步。依人類圖流年的看法，去年夏天，也是我正式進入天王星對分的開始。

天王星對分，出現在不惑之年，我喜歡曾經聽過的一個解釋，比喻它就像人生中**第二個青春期**，以渴望自由、突破桎梏的激烈手段，推動自我覺醒。這也是在邁向五十知天命的熟齡之前，**內在校調、重新定位的進化契機**，從混亂中歸化秩序，以順利接軌人生下半場。

我的第一個青春期，相對乖順，來不及反叛便被招降了。第二個青春期因而顯得乖張，經歷著極端的人事更迭，從中映現出自己的極端，極端憤世、極端自棄、又極端我行我素。當我差點做出極端雷同的抉擇；再度終結職場、另起爐灶，大叔為我卜出的斷橋卦象，給我一記警鐘。

是時候該為自己走一次不同的路，親自體驗「極端」的環境，會帶來什麼「開端」。就像過去每一次職場破口，都是為了蛻變而來，而我拒絕脫殼。

距離問卦，數月過去了，我發覺，工作上，哪怕是極端無情的那一面，都藏有無比生機，刺激我擴充求存技能，讓自己活得靈動一點、大膽一點。也逐漸習慣了，任何事情都敞開與無謂一點點，對於脫節或變質的環節，一邊生出了包容心、一邊培養起敏銳度，學習在不同的面向裡，調節適性與平衡，因此看見了截然不同的世界。

那個觀看世界的焦點，會是未來踏向自立之路時，我最想帶來的視野：**探詢生而在世的各種可能、覺察圈限本質的心理制約。希望自己是一座暢達的橋，載渡每個人，通往自己的內在田園。**

在此之前，我會持續在岸邊扎穩橋墩，相信有一天，綿沓的腳程，會鍛就柔韌的橋身。

貳

以我所長、愛我所擇

與工作對看

投射者，生來不為工作。然而，工作曾建構起我全部的生活，一直在搏命演出。其實賣命，並非證明使命的唯一途徑。能安於本性，便不負使命。

鎖頭錶

我有一支愛馬仕的鎖頭錶，每回戴上它，一定會招來部分年輕同事圍觀，抓起我的手腕、語調誇張地大喊：「哇，是愛、馬、仕耶。可不可以借我戴戴看？姐的身價果然不同凡響。」

認真講起來，它的價格並不如大家想像得名貴，購置的原因，更沒有人人料想的浪漫與勵志，不是，它不是確認關係的定情物；也不是某年拿下業績王頭銜時，買給自己的獎勵品。

這支鎖頭錶，一開始是因為雪恥，才被我戴在手上。和勾踐臥薪嘗膽的道理一樣。後來則是為了紀念一個人。她教會我，凡事退後一步看，反而推升了視野的層次與景深。也是我透過人類圖這門知識，收獲的關鍵心法之一。

那一年，我剛在公關事務所，接下中階主管的位置。許多朋友羨慕我在不到三十歲的年紀，已經承擔起管理的責任，稱讚我能力了得。

事實是，我根本沒有細想帶兵上場的意涵，也沒有評估過自己的斤兩。老闆問我準備好了沒？我心想，輸人不輸陣，我同梯的戰友都已經獨當一面了，我沒道理龜縮，於是威武地回答：我準備好了。

想不到的還有，原本戰功彪炳的戰友，因為表現卓越，被公司借調去開發其他指標大案，如此一來，她手上經營的客戶，得交由我來接手。聽到這個安排，我輾轉反側，戰友是天才型的猛將，她的客戶，自然也如猛虎一般。

我連地才都當得很勉強。有執案的基礎，但創意、靈活度、經驗值都不如天才戰友。我深怕自己砸鍋，老闆倒沒有戰前換將的打算，親自帶我拜訪客戶，引薦了我許多長處，細心、耐磨、肯拚，絕對會帶來新氣象。

客戶的臉，很無奈。她是個漂亮的女生，高聳的馬尾烘托出纖細的脖頸，不笑時凜然而威，笑起來嫣然百媚。她把我從頭到腳打量一遍，目光穿透了我刻意新添的高級洋裝：「你自我介紹一下吧。」

我才說完自己叫什麼，她發話了：「那你對市場有什麼看法？」我滔滔陳述到一半，她又搖手打斷：「你講話真繞。講古嗎？既然你老闆都決定了，我只好尊重，歡迎加入。不過，我希望你記得，我是付錢的客戶，不是免費教育新手的保母。」

從那天起，我彷彿進入了異次元的戰場。在她眼中，我火候不夠、戰技軟弱。她從來不曾主動開口要求撤換我，我卻感覺每一場戰役，都在針對我。

我熬夜不睡完成的新聞稿，她全數改寫，原因是我寫的內容，沒有任何一個字堪用。她訂的期限只有一種：現在、立刻、馬上。大大小小的提案，她不顧有多少人在場，當面質疑我邏輯和觀點不精，連找個配圖都粗糙。

之所以買下鎖頭錶，來自帶領媒體海外參訪行程的受挫。那是我第一次去到北京，完全不曉得當地的交通壅塞程度，尖峰時刻、連吃個烤鴨都要耗上好幾個鐘。我也不諳老北京的人情世故，嘴上不殷勤敬奉，馬上把地陪和司機給得罪了，從此故意繞道、裝作迷路，變成家常便飯。

我還沒有通關的常識。因為擔心媒體不盡興，我和客戶夾帶了幾隻真空包裝的烤鴨入關，想說可以分送大夥。一出機場海關，立即被警犬隻牢牢圍住，大肆搜行李、厲聲問事由的過程，讓全團的人都承受了類似走私的冤屈。

那天晚上，我拖著灰土土、內裡被翻查得亂七八糟的行李箱，走進了愛馬仕。那支鎖頭錶就躺在我的視線內，安嵌上赭紅的錶帶。店員向我介紹，這是較為罕見的配色，也很襯我的膚色。我沒問價格，馬上說，就這支。

多年後的現在，我能清楚描繪出當時的心理動機，我覺得自己在服務的過程中，吃盡苦頭、出盡洋相，我想豪擲千金、當一回老大。另方面，名牌錶在我心中，也意味著專業認同。我服務的客戶窗口們，人人手中都有一支所費不貲的錶。我想成為那樣的模板。恥辱，就用高檔的愛馬仕暫時遮掩，同時作為動機，我要加倍努力，讓客戶看得起、也看得見我。

那支錶，對照當年我的收入，著實是一筆很大的負擔。戶頭見底、我在客戶面前的聲望亦創新低。戴著與身分不符的鎖頭錶，我餐餐撕開泡麵碗，把所有客戶重做的稿件和提案都細細拆解過，一一研究她的脈絡。

我觀察所有發言人的採訪回應，聽聽言簡意賅、舉重若輕的說話方式是怎麼被羅織和架構；我積極參與公司的每一場動腦會議，觀摩同儕的策略鋪陳如何天衣無縫；我還央請從事美術設計的朋友替我上課，訓練我製作簡報的美感與配色。

沒有人知道，虛榮的錶面，那些年始終吊掛著我動盪、急躁的心。鎖頭的錶體每每跟隨著我在提案與執案的肢體動作，發出鏗鏘的撞擊聲，為我壯膽。

我的技能日趨純熟，我和客戶的關係，越來越平起平坐。偶爾也能促膝對談，像朋友。有天，她靜靜地看完了我提的案子，和我說，她準備離開了。

在離開前，有件事情，她一定要告訴我：「你一點都不比你戰友遜色。看你的第一眼，我就曉得。我之所以對你百般挑剔、不盡情理的嚴格，是因為我想讓你去碰壁，讓你自己站到最底線，重新看看你的能力和潛值，可以有多大。」

我張大了嘴巴，說不出一句話。這個我夙夜匪懈、想要狠狠擊垮的假想敵，原來是刀子嘴、豆腐心的心靈捕手嗎？

她輕撫著臉頰，第一次對我綻放出笑容：「你的提案，現在已經是藝術家等級了，我什麼都不用擔心，光是看著就覺得享受。**記得我這句話，靠你自己，沒什麼事是不行的。**」

這麼多年來，我始終記得那次話別的感觸。心被脹得滿滿的，奔騰著水落石出的各種情緒。我很感謝她的出現，顛覆我看待人與事的單向眼光。好與壞、嚴苛與慈悲、阻力與助力，往往是二元相依的存在，看不清廬山真面目，只因困陷在事情的當下與局部。

我很喜歡自己人類圖裡、一個被定義的閘門：Gate 33，代表的意義是：**人需要適時隱遁。這是幫助自己沉澱種種經歷，繼而由弱轉強的必經歷程。**

因為它坐落在象徵個人法則的木星，只要牢牢遵循該法則，有助人生順行。在我看來，更像是一則惕勵的寓言，告訴我，前線經歷的功勛或恥辱，不僅止於表象的成王敗寇。當覺得膠著、困頓，該做的不是持續征戰，何妨將立場和眼光，向後推挪一步，抽離當下與局部。才不會當局者迷、誤判情勢，更不至於窮兵黷武、把自己掏空。

後退一步，我看清楚嚴苛的嘴臉下，有一番純良的苦心；真正有助於己的臂彎，可能勒得發疼、冷起寒顫、最不護短。我也理解到，只有火煉，方可淬礪出真金。攻克不了的戰役、面對不起的離別，因為退隱、沉澱、靜定的濾鏡，而看懂其中增幅和滋養的道理。

如今，愛馬仕的鎖頭錶，依舊被我戴在左腕。坦白說，錶面的時間刻度，做得太細小，讓開始出現老花症狀的我，很難看得清上面顯示什麼時刻。而我依然珍視這支錶，它刻劃了時間另外一面的價值，如同鎖頭錶靜定、服貼在腕間的樣子，提醒我曾穿梭過無比琳瑯、上下震盪的時光，最後才發現我可以展現出來的價值，在於維持恆常、給人力量。

這一切，歸功於隱退而非躁進的心理和視野，以及，一開始被我視為敵人的貴人。如果正處於水深火熱的非常態之中，何妨退位想想，**非常事、非常理、非常人，是為了成就你的非比尋常。**

有時，**屬於你該開展的新途，也許不在前探，而在後顧。**

媽媽鐘

團隊小夥伴請了長假，準備去海外應試碩士入學的第二關。面試的當天早上，她傳了一張照片來報平安，天空藍得像國家旅遊頻道現場直播：「我到了，很開心。老闆你有什麼事情隨時留言，我一樣能處理。」

我也飛快地敲打著鍵盤：「開心就好。盡情享受，面試順利啊。我這裡都應付得來，只是有點想你了。」

「我下周就回來！時間很快！」年輕人的簡訊花招多，她附上光陰似箭的動態貼圖，順便拋擲了滿版的粉紅愛心。

換作十年前，哦，不，就算是五年以前，這類冒著愛心泡泡的對話，絕對不會發生在我和團隊部屬之間。我大幅轉性，被老同事笑稱：佛地魔終於放下屠刀，成彌勒佛了。

不管是佛地魔、還是彌勒佛，升上管理職不在我的預料之內。沒進公關領域之前，我是個讓主管傷透腦筋的天兵，缺乏時間觀念、心態拖拉懶怠，印個雙面文件，可以印到整份跳頁。主管恨鐵不成鋼，「你這樣混日子，將來有什麼打算？」我沒有任何打算。將來，我一直不確定，它到底會不會來。

踏進公關公司之後，日子以驚人的速度和重量，一次性地報復著我過去的浪擲與虛度。再沒有小主管會擋在前頭，替我收拾錯誤。公司案量大、需求快，每一個人都必須有單兵作戰的能耐。

入行的那陣子，是副總直接帶我執案。我們能力的懸殊，自不在話下，他驚訝我連基礎的文書和行政，都做得很粗糙。寫上去的媒體邀請函，他只看了一秒：「你念出來聽聽看。」

我不明所以，乖乖照念。「你覺得寫成這樣，會有媒體願意來嗎？如果會，我頭剁下來給你坐。」他的表情不像暴怒，聲調卻嚴肅得恐怖，穿透了公司的每一個角落。看到我裝訂得凹凸不平的企劃書與結案報告，他的評語直接讓我的血液凍結：「你不想做，現在就可以走。何必拿這種水準的成品來糊弄大家，浪費時間！」

有次，我為了修改無數次的提案，被數落得滿頭包，回到位子上一陣委屈，心裡來氣，順手把原子筆往桌上一摔。這個動作，被剛離開位子的副總撞個正著，他瞬時變臉，那是被踩踏到底線的忍無可忍：「出來工作，我不接受這種態度。你簡直沒有一點倫理與教養。」

我感激那段鐵血教育。工時長到快以公司為家的日子，副總就像我職涯上的父親。剔除我的傲嬌、膽怯、溫吞，使我蛻變為可以侃侃而談、臨危不亂的人。成就，若在我身上有一點點顯靈，得歸功於當時的「破壞」。

於是，當我換上管理職的名片，心裡其實不知所措，我唯一的基礎與楷模，來自鐵打紀律和血淚操練，我想，積極複製這個模式，總不會錯。

事實證明，我大錯特錯。我比下屬年長不了幾歲，經驗實在不算爐火純青，只憑著從副總那裡偷師的一招半式、狐假虎威，當然無法服眾。我也聽到不少揶揄的耳語，說我不過就是吃人口水與奶水長大的乖寶寶，沒什麼實力。光會耍官威。

副總私下教育我，沒人天生就會、而且喜歡管人。不過，教學相長，此言不假。從管理中獲得的成長和視野，是求之不得的歷練。勸我放下複製模式，以**本性**為半徑，慢慢圈養出自己的領導方圓。

我的本性？坦白說，我的本性和我爸一樣，比起指揮人，我更擅長照顧人。行為模式如同作家小民筆下的《媽媽鐘》，把員工當成長不大的親骨肉，**俯首甘為孺子牛，操勞到鐘老錬斷，沒有停擺的時候。**

充分發揮本性的結果，驗證了我媽的學說：「做官的，得有霸氣，屁股才坐得無憂。」我顯然是沒有那個屁股，太難太累太急的活，沒關係，由我來。慈悲與體恤，看似攏絡了下屬的心，精明的客戶一眼就看穿團隊的遠憂，「強幹弱枝，你一枝獨秀，沒法傳承啊，我也不敢把更大的案子交託給你。」

更糟的是，我以為，以真情帶人，對方必能回報我以情真。心猿意馬的，我夜夜陪聊吃飯，苦求心回意轉；肝腦塗地的，我記下特殊日子和喜好，大費周章安排驚喜作為犒賞。

不料，該走的、會走的、想走的，一個也沒留住。末了還被冠上「情勒」的封號，說我太過感情用事，以婆媽那套灌人迷湯，耽誤他人大好前程。

職場闖蕩多少年了，明知主管不可能討每個人的喜歡，聽到暗黑的厭棄評價，還是心碎了一地。沒想到由本性發展出來的領導風格，竟讓人不勝其擾，可能是我不適合當主管吧。我興起不如歸去的念頭。

當年的戰友，看我認真準備辭呈，輕描淡寫地探過頭來：「你好沒出息。為什麼讓這些人打敗你？他們只是過路人。」

我不敢相信自己的耳朵。什麼過路人？對我來說，他們不只是我的部屬，我還視他們為手足與家人。戰友換上熱辣辣的語調相應：「你看，這就是你最大的問題。**職場，不是你家裡。職場可能有很少的真情，但絕對沒有親情。職場講究的，始終只有實力。**」

儘管已和戰友失散多時，她說的這席話，不曾與我失散。

她說對了大部分的事，組織給我的要求和磨練，不僅養成了我的實力，還是我從沒在求學環境、人際互動裡，所領受過的看重與栽培。這喚醒了隱藏在我體內的家族性，盡情回饋，把機會與資源帶回職場的家裡，令我由衷快樂、感覺真正存在著。

我忽略了，不是每個人都和我一樣，需要藉由工作投入和組織效忠，來確立自己的歸屬感。我呵護備至的「媽媽鐘」管理風格，讓團隊長期積弱，無論穩定性、成長度都落後同儕一截。

不得已，逼迫自己拿出「佛地魔」的雷厲手段，卻畫虎不成反類犬，看在年輕孩子眼裡，我是春天後母面，陰晴不定，喜怒無常。

某天，我因為部屬遲遲無法搞定問卷分析，在眾人面前大為光火，弄得對方相當難堪，她不甘示弱地反擊，將整疊問卷重重摜在我的桌面：「喏，你要看分析是吧，你自己看吧。」力道之大，桌上的水杯都為之震顫。

剎那間，公司安靜得出奇。每個人都躲在螢幕後面佯裝用功。我怒不可遏，想出聲大吼，你現在就給我滾。想以其人之道還施彼身，將問卷甩回她的桌前。最後，我什麼也沒有做，像極了被孩子傷透心之後、只能暗自垂淚的「媽媽鐘」。

那天，形成了我在領導統御的轉折點。事件過後，同在管理階層的朋友，傳了一小段話給我，出自我也很喜歡的《菜根譚》：「攻人之惡毋太嚴，要思其堪受；教人以善毋過高，當使其可從。」不論指責或教導，都要考量對方的耐受度和能力值。

我登時淚流滿面。長久以來，我擺盪在極端的「媽媽鐘」與「佛地魔」之間，不知何去何從，不只一次懷疑自己不夠格擔綱領導。然而，**領導的關鍵不只是風格的塑造，還在於自我的適性發展，以及如何對他人因材施教。**

回歸到人類圖的設計，我的領導天分，和我服膺的主事者們大不相同，磅礴氣勢，原本就不是我的長項。引導協作，反而能夠為團隊帶來畫龍點睛的效果，**以邏輯賦予框架、以創意穿越迷霧、以溝通向外鋪路。**

我不需要是「佛地魔」，命令成員要往哪裡走，相反地，我要盡可能地退居二線，保持觀點獨立和思緒淨空，才能給予相對客觀及靈活的決策。我也不必當「媽媽鐘」，戰友說得對，以親情對待職場和團隊，往往會放大彼此的角色期待、因而模糊專業分際。

至於同事給我的新封號「彌勒佛」，我並不希望自己是「有求必應」的佛系主管，秉持職場道義，我引導員工盡可能地借力環境，也常對夥伴說：「好好利用我身上的資源和優勢」，鼓勵他們圓滿各自的職場追求。

天下無不散的宴席，離別、拆夥，終有其時。我選擇**放手，作為由衷的祝福**。我想，我會永遠視「職場」為其中一個「家」，但不再強求曾經攜手打拚的夥伴，要一直以家人的身分，停留在我以為美滿的家中。

我對自己的領導期許是，當遇見迷失、不振的工作者，我能**激勵他們發掘自己的能量與想望，引導他們以適合自己的方式，重新建立與職場之間的關係和認同**。不見得要是一個家，而是足以盡其在我的藍天和沃土。

我努力著，也謝謝曾與我共事的團隊夥伴，支持我成為這樣的領導者。

壓倒性的勝利

我從事的工作，最害怕突發狀況，偏偏遇到最多的，就是突發狀況。「富貴險中求」，上工第一天，帶領我入門的職場前輩這樣告訴我。很快地我就發現，這份工作，凶險有很多，富貴不見得。

我一直深信，公關這碗飯，要捧得牢靠，仰賴細節的擘畫和把握，防備所有突發狀況的威脅。我曾為了開幕的煙火秀，一連做了三套一模一樣的機關進行事前彩排，被廠商譏諷錢太多；接待超級巨星的祕密動線、特殊餐點，無一不以神農嘗百草的精神，檢查安全性、適口度是否萬無一失。

這樣的訓練，將我本性內的細節控，發揮得淋漓盡致。躍升管理職，我甚至青出於藍，針對不同類型的活動，發展出各自的SOP檢核清單。明明才跟部屬開過落落長的行前會，回到家仍疑神疑鬼、重新再對一遍。對完剛好天亮，沖個澡就直奔會場。

鉅細靡遺的能量場，會吸引到鉅細靡遺的客戶群，我的客戶比我更在意完美出演。有段時間，我身上會攜帶令人意想不到的小道具，像特級家政婦的百寶箱。比如細小的黑髮圈、各種尺寸的燕尾夾，因應突如其來的媒體採訪，可以替客戶歸整毛亂的髮絲、順便縮攏過大的西裝外套。也有紙黏土、透明的塑膠墊柱，為3C與美妝用品的擺拍，營造出立體感。

我生涯早期，長期和一位聰敏的主持人合作，她的台風穩健，雙語流利，還有令人嘆為觀止的應變能力，能夠應付驚悚萬分的突發狀況。

某次，她負責主持一個戶外的剪綵活動，現場貴賓雲集，許多媒體等著捕捉難得的畫面。正當她準備唱名董事長上台致詞，一陣狂風吹來，舞台背板立刻傾斜一半，眼看就要倒下。

儘管經驗豐富，布景垮台在董事長面前還是頭一遭。她急中生智，用單手扶起吹落的背板，不改嘹亮的嗓音說道：「哇，董事長的氣場，果然威震四方。相信工程動土之後，一定會取得壓倒性的勝利，就像這塊背板一樣。」現場響起了如雷的掌聲。這記漂亮而風趣的神救援，化解了崩台的霉頭。

我曾就此事，讚美她的才智過人，她很謙虛地說：「活動插曲防不勝防，我只是試著享受每一場活動的flow（流動），相信經驗和身體會發揮最佳的臨場反應。」

我始終欠缺那種鎮得住全場的膽識，寧可吹毛求疵於細節，無法氣定神閒地相信自己的經驗和身體。直到第一次重挫，如強風吹垮我的所有防禦。

在公關公司服務多年後，我轉戰企業，先踏入醫療領域。有了幾次成功的戰果，主管放手讓我主導最重要的新品傳播計畫。那是專用於改善臀型和胸線的醫美療程，我們預計在夏天問市，瞄準想穿比基尼和小熱褲、又苦於沒有好身材的年輕男女。

我和一間社群公司合作，決定舉辦一場清涼養眼的沙灘排球賽。初期募集療程體驗早鳥，讓他們得以用最曼妙的曲線上場，擔綱魔王隊。也在線下招攬願以素人之姿組團參賽的消費者，若能取得勝利，可獲得免費整塑曲線的機會。

起初，一切順利。我沉浸在熟悉的細節裡，指揮若定，絲毫沒有察覺到一絲絲不對勁。

因為窗口應付得宜，我不要求每場會議一定要有社群公司的總經理坐鎮。後來連關鍵會議也不見對方人影的時候，我才知道他病了，而且病得不輕，已被發了病危通知。

我的心裡敲起了警鐘，聲音卻沒有大到令我徹悟。我疏忽了一間頓失決策核心的公司，需要我跳脫細節的窮追不捨，退一步檢視運作的方向邏輯，是否是現在的團隊有能力處理的？我繼續掩耳盜鈴，把頭和眼睛埋藏在細節的沙堆裡。

活動的前一晚，開始下起大雨。彷彿是老天給我的嘲諷，雨天備案，是活動新手都不會錯過的細節，偏連我也忘了。大雨影響了所有進度，缺乏領導者的社群團隊，在暴雨和泥濘裡，爭執著分工不均、責任錯置。除了固定接觸的窗口，我從來沒有花時間去關注執行團隊的人力銜接問題，一味相信總經理從病榻上轉來的口信：別擔心，我會處理好的。

隔天雖出了大太陽，但原本答應要勁裝上場的魔王隊伍，臨時改變了主意。療程後肌膚變得脆弱，禁不起長時間的曝晒；再來也不知道哪裡的溝通環節又出了錯，總之不願意穿得像拍三級片一樣打排球。

我很惱怒，所有的細節居然都脫稿演出，連媒體都因為地點過於偏遠，當天又臨時撞上縣長出訪的行程，只派了一個地方電視台的記者來統一拍攝。擔心畫面稀缺，我凶神惡煞地跟場邊的年輕男女交涉：「給我脫，這都說好的。」

我永遠都記得他們清亮的眼睛，向我投來鄙夷和厭棄的神情，活像在看一個逼良為娼的老鴇。我心裡五味雜陳，不敢相信自己在緊要關頭，竟然成了一個無品又無恥的人。

禍不單行的還在後頭，不一會兒，自家公司新就任的總經理也來「躬逢其盛」。大老遠驅車南下，不料看到的是一個媒體少得可憐、主辦單位與參賽隊伍離心離德的活動。完全看不出效益何在，還花了公司一大筆錢。

檢討會後，總經理直白地告訴我，這是他有生以來，看過最爛的公關活動。問我可有任何理由要辯解。我的思緒混亂極了，自責、內疚、羞恥、憤怒，不知該從何說起。愣了半晌，居然和總經理說起那位女主持人因為一句機智的話語，將頹圮的場面起死回生的故事。

我的用意是怪罪自己，沒有她那樣知所變通的能力，不敢占著茅坑不拉屎，任憑公司處置。總經理聽了之後，也沉默了一會兒，接續對我說：「你有沒有想過，在這個故事裡，**你只聽到了壓倒性的勝利，卻沒有思考一個更重要的問題，你會如何面對意外和失敗、不讓它們壓垮你？**」

老實說，工作上，我面對意外和失敗的方式，就是用盡所有我會的技術，拚命防堵。從人類圖的角度來看，我的人生使命，除了展現偌大的包容心，勇敢做自己、以彰顯人生可以擁有各式各樣的多樣性之外，我還具備強烈的服務情懷和預防意識，希望防患於未然，讓大家少走冤枉路。

所以，我行事特別留意細節，從不相信船到橋頭自然直的說法，注重事前演練和除錯，不敢放膽或放手一搏。總經理抱持的理念不同，細節固然是成事的基本盤，卻不該因小失大。他向我分析：「我注意到，脫軌失序、不按牌理出牌的事件，尤其讓你焦慮，因為之前沒演練過、沒預料到，所以無法發揮你的正常水準。」

他認為，細節適可而止，其他的就向那名女主持人看齊，學著享受每一場活動的flow：「大膽接受意料之外的失敗、失算、失利，因為這本是常態，唯有如此，你才能處變不驚，進而保持平常心。」

公司並沒有因為這個失敗而懲罰我，反而給我更多空間去試錯。在後來的職場崗位上，我遇過記錯活動時間的表演者；彩排時都沒事、正式上場影片卡格的首映會；談到差不多要簽約，轉身琵琶別抱的合作者……每一次，我仍會覺得，我又被這些無跡可尋的人和事，疾如風火地打敗了；然而每一次，我都能比上一次更淡定自若地收拾起搖搖欲墜的殘局，有時還能保持幽默。

因為現在的我，對於自己的人生使命，抱持著不一樣的看法：**沒有什麼胸懷，會比包容自己失敗，來得更為廣袤**。不如人意的結果，是人生最具代表性的樣貌之一，接納它，靈魂的臂膀便能舉重若輕。防患於未然、避免對方重蹈覆轍，不一定是對那個人最好的服務。**從犯錯和失敗汲**

取的養分，勝過一帆風順。

失敗和意外，不是意圖壓垮我們的最後一根稻草，而是考驗我們，如何在爭取「壓倒性的勝利」之外，關注到比勝利更舉足輕重的事情。

獵豹和金絲雀

夜深了，我斜躺在床上滑手機。在日常接觸的同溫層外，偶爾會跳出幾則看似陌生的動態更新。那是來自久違的、早已淡出自己生活圈的部屬。

我不排斥和工作同仁保持社群關係，但面對當初無法好聚好散的夥伴，有時會很訝異，自己居然沒被對方拉黑封鎖，也不免遲疑，還有必要將對方放在朋友名單裡嗎？不如彼此放生算了。

為何會一拍兩散？多半來自處事模式的摩擦，所謂的chemistry不合，彼此的磁場，無法引發正向的化學效應，不是擦槍走火、就是點不著火。

職場中，總會存在一些關鍵少數，有的特立獨行、難以被圈束，另有的極為乖順、因而顯得自主性模糊。做朋友，頗有物以稀為貴的驚奇，若是來當部屬，一有失手，雙方都覺得遇人不淑。

可能越懼怕遇上、以及越不擅長處理的，偏巧就會狹路相逢。也可能我本身就是與主流領導特質相異的關鍵少數，總之，我和不少被稱之為「難搞」、「難帶」的特異分子，有過許多「難忘」的共事經驗。

在鼓勵勤奮生產的工作場域，關鍵少數，通常不會以孜孜矻矻的工蜂形象現身。他們以獵豹之姿示人，氣焰張揚、讓人懷疑誰才是老闆。光譜的另一端，則是看似無傷的金絲雀，與世無爭的面容，叫人不知該把他往哪裡放。

新手主管，最怕獵豹。當我的名片被印上「經理」的第一天，獵豹也同時被帶到我眼前。她是個很漂亮的女生，頂著比我精巧不只N倍的妝容，儀態端正挺拔，看得我不由自主地放下二郎腿，把凹陷在椅背的駝弓用力推直。

我能體會上級配置人力的苦心，一個團隊，最好有硬底子，也要有軟門面。老闆看準我疏於打點台前，便從別的團隊調遣了獵豹作為亮點，藉此裡應外合，更激勵我多學著點自我包裝、向外推銷的功夫。

平心而論，獵豹的能耐並不在我之下，我之所以坐上管理的位置，只因為我更多了一點相忍為國的圓融。獵豹卻從不信奉「能忍」的哲學，當著大家的面，十分「敢言」，屢屢質疑我的決策：「要是我，我不會這麼做。」

我被氣得七竅生煙，預備靜候高見的時候，獵豹又不置可否：「隨便吧，反正你才是主管。你想怎麼做，就怎麼做。」一副置身事外的高人模樣。團隊成員看著我對獵豹束手無策，紛紛狼心蠢動起來。聽命，感覺只有吃虧的份，不如抗命，起碼還扳回一點自由。

我們最大的衝突，爆發在一次電話會議後。主旨是討論高得不像話的ＫＰＩ，應該如何達成。獵豹是主要陳報者，我知道她並不認同我提出的行動方針，可時間緊迫，我們想不出更好的解套方案。

果不其然，還沒陳述完畢，獵豹就被狠狠打槍，老闆的措辭非常不留情面。我拚命插嘴解釋，那其實是我的點子，要怪就怪我好了。結果提油救火，老闆大罵，一堆飯桶，只會找藉口。

我很習慣這種惡言，明白這只是怒極攻心的失態，並不是有心羞辱。獵豹不這麼想。離職前，她只留下一句話給我：「我對你很失望。你不敢承認錯誤、不會據理力爭，只曉得逆來順受。」

獵豹的話，被我記在心裡很多年。從一開始的驚愕，到現在居然有些佩服。真夠帶種的，她其實一語道破我身為領導的諸多盲點。

等我成為熟手主管，自認決策得宜，知人善任，便迎來了金絲雀。金絲雀沒有獵豹亮眼，安安靜靜地坐在一邊，坐久了就讓人忘記她的貢獻。到了打年度考績的關頭，老闆指著她的名字問我：「你對這個人有什麼規劃？不能老把她當成背後靈一樣、跟在你後面。」

我搔搔頭，該怎麼說規劃呢？欲辯已忘言。金絲雀的長處是唯命是從，我推她上前線，她從不拒絕，以至於把自己逼迫到在上班途中暈倒的地步。她的父親從急診室打電話給我，請我行行好，讓他的女兒休息一天，別再打來追問工作進度。我聽後羞愧難當，老父親的口吻，字字血汗控訴。

知道她身體出了狀況，我把過於繁重的專案轉交到其他成員手中。動起其他腦筋，想說她溫和有禮，也許可以從旁協助客勤服務，和重要的關係人一起建立交誼關係。

接下我的指令，她露出有點勉強的神情，不過只持續了一秒鐘，很快又換上使命必達的面孔，一口應允。「交陪」的任務她做得不錯，但當我遠遠地看著她，在歡樂的KTV包廂裡跑進跑出，還得幫忙走音、忘詞的客人調頻、提詞，我的心裡，不知道為何這麼難過。

是我不夠用心發掘金絲雀的其他長處嗎？所有加諸於她的工作，都顯得自曝短絀，很難施展應付裕如的自在感。同事勸我：「別太多愁善感，可能就只是不適合而已。」

沒多久，金絲雀也飛走了。神應驗同事的論斷，金絲雀的理由是：「試了很久，還是覺得，我可能來錯地方，對不起，讓你失望了。」

比起獵豹帶給我的自尊衝擊，金絲雀好似揮揮翅羽，一片雲也沒有帶走。接替她的人很快就補齊，是我很熟悉、也很喜歡的工蜂角色。我看著工蜂坐在金絲雀的位子上，忙得起勁。那種表面看似一切就緒，卻兀自感受到剝奪和辜負的罪咎感，一樣也在我心中擺盪了很多年。

這幾年，隨著組織需求轉換，我不再帶領數人以上的團隊，領導這個議題，在見識過形形色色的相對多數和關鍵少數之後，也從燙手山芋，變成清粥小菜。我不是說領導容易，而是深深明白這口飯的為難，心態放得更為閒淡。否則**當家的人都食不下嚥，怎能期待人家願意進熱**

廚房燒菜呢？

尤其當大致熟悉人類圖區分的幾種能量類型：生產者、顯示者、投射者、反映者，我更有一種謎底揭曉的頓悟，那些讓我哭笑不得、莫可奈何的關鍵少數，不是什麼大膽刁民、拐瓜劣棗，在人類圖的能量分布裡，他們反而是極為珍稀的鳳毛麟角：顯示者和反映者。

因為能量運作的方式迥然，在我初接管理重任、又習於管理常規的領導階段，**只把馴服和同化，作為唯一的統御手段，自然衝突不斷**。用人類圖回顧我一直以來的團隊組成，亦嚇出一身冷汗，**我傾向任用氣場相同的夥伴，對於非我族類的包容心，趨近於零**。

顯示者，是所有類型中，唯一具備主動發起能量的角色，有能力獨自完成任務、渴望隨心所欲，因而對周遭造成巨大的影響和衝擊，就像獵豹一樣，以利爪與敏速，只專注攫取自己的目標和屬物。

而反映者，身如明鏡，帶有反映周遭的特色。被視為礦坑裡預示環境警訊的金絲雀，也能身隨境轉，完全融入在當前的人事之中，好似變色龍一般。

在學習和交流人類圖的各種場合，我們渴望反映者的參與，透過反映者的肢體和互動反應，能夠具體而微地映照出群體能量的變化。換到了職場，反映者的指標意義，被嚴重低估和誤解：感覺個人特色迷濛，不太確定企圖。

事實上，當年金絲雀如實反照的，就是我的逞強，無論是身體上的過度勞役，還是交際時的身心解離。

同理可證，與我形同水火的顯示者，是為了警惕我的偏頗，我鼓吹的「共同成就」，並不一定要建立在彼此共同的屬性基礎上。後來，我和許多優秀的跨國團隊合作，國籍文化紛陳，宛如小型聯合國，它們運作得你儂我儂，因為主事者懂得求同存異的共融。

我聽過很多關於管理的金句，有一句反芻至今，那是彼得・杜拉克的觀點：「管理的核心，是最大限度地激發他人的善意。」當我在繁雜的事務下、被壓迫得行將就木，腦海總會浮現獵豹和金絲雀的影子。

我有沒有傾聽獵豹直截了當的告知，不把它簡化成對權威和自尊的挑釁？我會不會太快就對金絲雀展現的行為、貿然貼上武斷的標籤，而忽略它很可能映射出我真實的內在世界？

我能把與我相左、逆行的意見，當作是給團隊嘗試新路的善意嗎？以及，**我願不願意捐棄「控制」的權杖，任獵豹自由享受競馳的快感、將金絲雀安放在正確的位置上，無拘束地經歷與反映四周的能量場？**

經過一番洗禮，有夥伴曾跟我說，我是她們遇過最好的老闆。真是不敢當，離理想的領導者我的路還很長。如果不是獵豹和金絲雀，我可能永遠也不會知道，領導不只是激發責任、賦予成就，更關鍵的在於讓渡的手、兼融的心，鼓舞他們以成為自己為標的，不需要以我為中央伍、朝我看齊。

如果你正與獵豹和金絲雀交手，且同理，且惜取。**他們不是用來和你作對，只是刺激你以更多元的角度，嘗試該如何把領導做對。**

誰來接班

我在提供人類圖解讀服務時，最常被問到的問題，不外乎工作、感情、家庭。印象最深刻的提問，來自一位企業經理人，作風海派、言談幽默，事業相當成功。臨到尾聲，他收斂起一派輕鬆、面露嚴肅地問：「能不能請你告訴我，我下面這幾位得力戰將，誰適合來接我的班？」

經理人對我知無不言，很信任人類圖這個評估工具。事前，我便看過這些同仁們的設計，甚至針對個人特質開發的議題，和他們有過幾次對談。我有點意外，論年紀，經理人正值鼎盛，談退休，似乎太早了點。

有著強烈冒險家精神、不甘一成不變的他，這樣回應我：「是時候啦，我也想去做其他更有趣的事。怎麼樣，誰會是命定之人？還是都是無緣的人。」

我有點躊躇，深怕誤導了經理人的決策。接班，天賦適性，比不上主觀契合。略略分析了各人的潛質和隱憂，我向經理人旁敲側擊：「你自己的觀察和想法呢？」他長長吁出一口氣：「唉，劉若英那首歌怎麼唱的？喜歡的人不出現、出現的人不喜歡。我同意你的分析，也覺得，他們都還差一點點。」

我們在線上兩端，彼此交換了同病相憐的苦笑。即使我沒有家大業大到需要思考企業接班人的問題，仍然必須面對職場360的評核測試，能不能在團隊裡尋找、培養接棒人選，是很關鍵的指標之一。

這項指標，我的達標率很差，老闆曾感嘆我個人主義，自取滅亡。我自認沒有托大心態，不過的確就像經理人所說，對於可能接班的人選，總覺得他們還差一點點，以至掣肘太過。

我想，這也解釋了為什麼工作迄今，我仍然是個中階主管。沒有更上一層樓，有機運的因素，也和交棒與授權的心理成熟度有關。因為寫書，再度觸及職涯盲點，不由得讓我想起一個人，以及她面對接班的達觀心態。

Jocelyn和Arthur這對夫妻檔的創業歷程，在公關業界無人不知，我聽過一個傳神的別名——「神鵰俠侶」，指的就是他們之間的合作無間、扶持相惜。他們在我心裡，有更親暱的代表意義，職場知遇提攜之恩，如同父母養育之情。

我的第一份公關工作，便進了Jocelyn和Arthur一手創辦的公關公司。當年，我已不算年輕，除了傳播科系畢業，可說毫無公關操作的智識背景。報到第一天，我才知道自己被分派到公司的主力客戶團隊，專營3C科技與電信產業。業務的案量和難度，是重中之重。

面試我的副總告訴我：「你說，你想認真學好怎麼做公關，這就是最好的環境。」帶領我的小主管，交代了一些我壓根不知道該怎麼開始的事項，便忙得無影無蹤。偌大的辦公間，頓時只剩下我一人坐困愁城。

代接了好幾通客戶急狠狠的電話，得知我是新來的菜鳥，又急狠狠地收線：「跟你講也沒用。」正當我懷疑自己能否在這樣的環境中活下來，我的分機響了，七上八下地應了聲「喂」，電話那頭居然是Jocelyn。

Jocelyn用不比客戶遜色的語速交辦我，明天早上有場記者會，請我去支援順便見習。我腦子轉了一下，明天已經有小主管吩咐好的行程，可能抽不開身。顧不得新人禮儀，我以家裡當慣了的長女語氣回應：「Jocelyn，我很樂意幫忙。不過，我得和小主管商量一下，看明天我去支應活動的話，會不會影響到她的既定安排。」

Jocelyn愣了幾秒。我心想，完蛋了，第一天就把公司創辦人給得罪了，以後還混個屁。沒想到下一刻，竟聽到她歡快地回話：「好好好，我知道了。那你照原計畫去忙吧，我再找別人。」

此後幾天，我戰戰兢兢，覺得自己觸犯天條，居然拒絕大老闆的請託。結果，Jocelyn在員工大會的場合，公開表揚我，原因是一個新進的員工，能時刻以自己的團隊為重，不會讓上級予取予求。

她說的話，到今天都深刻地印在我心上：「我跟Arthur說，這個人不簡單啊。」從小到大，沒人這樣形容過我，通常我都是被挑剔「頭腦太過簡單」的那一個。而Jocelyn從小事發現了我的「不簡單」，和她工作的數年間，她一直開墾、栽培著我的「不簡單」，使黯淡的孤雛，擁有了豐碩的羽毛。

我的美感、口條、對財務基礎的認識，是Jocelyn對我最深遠的影響，讓我知道怎麼應用自己的優勢，穿衣適得其所、說話恰如其分。我是全公司數字概念最不靈光的人，她語重心長地指導我：「越早培養財務的洞察，越快能以營運者的眼光，來看待公司治理、團隊合作。」

如今寫來，更能明白她的苦心用意，陸續培養下面的新生代，能夠長出強勁的筋骨，以作為公司的棟梁。所以，當我決意離開，對於一個上位者的衝擊，在我面對夠多人事流轉的現在，才恍然大悟。

年輕氣盛、眼比手高，我那時處理職涯的轉換，不夠厚道，如同後來我也經常感嘆，自己被年輕的八九年級生，當成用過即丟的塑膠[1]。

轉戰甲方的一天早晨，我收到Jocelyn的一封短訊，她在無意間得知，我轉戰企業是由較為初階的副理開始做起，開頭便問：「難道我們辛苦培養出來的總監，只能在企業屈居副理嗎？」

我並沒有讀懂那句話背後的諸多含意，只選擇性地接收到字面的質疑。難過了好幾天，像跟媽媽冷戰那樣、心裡彆扭極了，一方面覺得自己技不如人、果然頭腦簡單到只能做資淺的工作；另方面感受到憤怒：為什麼不能尊重和祝福我的選擇？

那幾年，我和她刻意保持距離，始終沒準備好、要以甲方的角色面對Jocelyn。又過了幾年，我效力的企業需要新聞敏銳度高、策略靈活性強的公關專家，我們再度展開合作。

某些部分，Jocelyn完全沒變，譬如一刻不得閒的公關魂。會在意外的時刻捎簡訊給我，帶來最前線的消費反饋。而某些部分，則產生根本質變，譬如她對於「人才」和「服務」的信念。

說到「人」，Jocelyn的口頭禪變成：「沒關係，不勉強。」去與留、分或合，鮮少在心裡翻江倒海，她只問一個問題：「**你知道自己到底要什麼嗎？**」

那也許才是她當年發簡訊的本心，用不經鑿飾的詰問，確認我把自己的想要和需要，分辨得夠清楚。然後誡訓我，必得破釜沉舟，就算失敗了，也不辜負選擇的這一條路。

至於「服務」，當年那個手把手指點我該如何看數字的Jocelyn，已自

1. 網路熱門用語，引申為沒有存在感、被當成不存在的透明人。

外於營利，而講求互利、甚至讓利，致力永續和回饋。

找了一個機會，我和Jocelyn告解，當年實在幼稚，不懂領導者栽培接班人的苦心。她笑得豁達，朝我擺了擺手：「我早忘了，只記得你們的好。你也別放在心上了。」

輕輕的一句話，沉沉地打在心上，許多往事忽焉而過。在我眼裡，Jocelyn已經放下「差一點點」的執著——無論是對得意門生因為能力還差一點點，所做出的鞭策；還是不能理解接班就差一點點，何以選擇半途出逃的感嘆。她說：「人和人，最後能不能走在一起，是緣分。也關乎**個人的初心和志向，勉強不來。**」

就像她對待我一樣，我們因著各種緣分而聚首，我能感受到她對我的洞悉，超越了我對自己的認識，勘透更為長遠的可能。她鼓勵我積極築夢、給我機會拓展人類圖斜槓，我們彈性又自由地「共事」，牽成對彼此最重要的事。

我還沒有解讀過Jocelyn的人類圖，據已知的資訊推算，她很可能是計畫輪迴交叉：充滿熱忱、視野恢宏，能制定縝密的計畫，為社群或群體謀求福祉，使其枝繁葉茂。

Jocelyn給我的潛移默化，有許多計畫的影子，從中獲得的溫情，消融了我對自己的輕視。而隨著歲月累積，她進一步轉化了計畫的意象，接班，除了位置的交替，更是信念的延續。她相信，**我能秉持彼此共通的信念，依照自己的計畫，在人生裡找到最佳的當班位置。精神傳承，也是接班的形式之一。**

當我終須面對「接班」這個一再被我搞砸的指標，我會想著Jocelyn。還差一點點、就差一點點，都得學會接受那個一點點，而不用揠苗助長、硬逼上架，尊重每一個從屬，都有自己的班表。

職場接班的陰錯陽差、事與願違，比起劉若英，梁靜茹的〈可惜不是你〉，刻劃得更為入骨，可惜不是你，陪我到最後，但「感謝那是你，牽過我的手，還能感受那溫柔」。

希望有一天，自己能找到交棒的那一雙手。在此之前，且讓我無私地伸出手，好好與人牽手，等待機緣熟成，或妥妥與之交手、或懂得徐徐鬆開手。

參

我要的愛，和你給的愛

與關係對坐

對於愛，我自認大方，也始終懷抱熾熱。

我愛得起、給得夠，不同關係裡，匱乏、驅逐、失落、約束，卻如影隨形。

因為，單向的施與受，並不叫做愛。

模範母親障礙

「×××障礙」，是我從記者朋友那裡學到的形容詞。描述那些創下高標紀錄的運動員、候選人、藝人明星，永難被超越。

在我心中，也有這樣的紀錄保持者。非我媽莫屬。

作為一個母親，她額外擔當了父親沒時間向家庭展現的威武；嫁入夫家以後，她用兩隻手支撐起多重宇宙，總是顯露出俐落和周全的那一手；而遠在母親的角色之前，她還是個說一不二的女兒，考量家計，不作他想地選填師範作為第一志願。我後來才發現，我媽極具美學天分，比我更有成為創作者的本錢。但像是我常掛在嘴邊的，耽誤、可惜、時不我予，這類事後諸葛的喟嘆，從未被她張嘴提及過。

儘管許多事情，超出她所能選擇，我媽仍毫不猶豫選擇了堅強。

能寫出這句話，自己覺得很不容易。這是我對於我媽，最為公允、也最符合其本色的註解。代表我終於抵達當初學習人類圖的目的之一：和母親和解。

我從小是被外婆和奶奶輪流陪伴長大的，看到我們母女彆扭，老人家總是如此勸解：母女哪有什麼隔夜仇啊、你媽終歸是為你好、你要懂得想。

現在，我已經懂得想了，心態不再糾結。**仇恨，才需要被和解。**在心的最底層，**我並不憎恨我媽，我只是憎恨自己一點都不像我媽，也沒有能力成為像她一樣的模範。**

我出生在選擇比我媽多很多的時代，政經民風漸次開放，自我意志百家爭鳴。但我有選擇障礙，畏首畏尾。當情勢不在掌控或預期，我呆若木雞，只管哭泣。

印象很深刻的一件小事，發生在我國小三四年級。當時課堂上，教到了齒輪運作的邏輯。老師用許多花瓣狀的積木，權充大小齒輪，示範哪些排列可以讓齒輪順暢運作。可能忙中有錯，老師誤判了其中一組的排列方式。我拿回家溫書時，一眼就被教學經驗豐富的我媽看穿：「你怎麼沒跟老師說，這組行不通呀，會誤導同學。」

我囁嚅著，撓頭抓耳，除了壓根就沒發現錯誤，也不知道該怎麼跟老師說，他犯了一個錯誤。於是低聲哭了起來。我媽看了我那副小媳婦樣，滿肚子火。連提出疑問、請求釐清，都能把我搞哭，她端出老話一句：「由小見大，你將來能成就什麼大事情？」

僵持半天，還是由我媽想出辦法，做出兩套模板，讓我向老師說明錯誤何在。末了，不忘叮嚀我，趁下課時間找老師展示就好，別讓老師下不了台。這是我媽恆定不移的價值觀：擇善固執，在理且饒人，別失了厚道與情分。

我擔心的場面並沒有發生，老師非但沒有斥責我多事，反而大力表揚我的細察和勤奮，更推派我擔任年級模範生。握著燙有金邊的獎狀，沉甸甸的不只有獎牌，也有我說不出的心聲。那成了很多年以來，我以為是要和我媽和解、其實是我得和自己心內暗影言和的癥結：我永遠無法依靠自己，做得跟我媽一樣好。

一部分的我，成為環伺在我媽身邊的眾多嗷口之一，處處依賴我媽的指導棋，沒有得到進一步的指示，就撒手軟爛。我媽抽不開身時，即破口大罵：「我看哪一天我要是死了，大家就稱心如意去過你們的好日子吧。」我幼時為此極度惶恐，三不五時就會去探探她的鼻息，確認我媽的呼吸還在。

另一部分的我，生出與我媽勢不兩立的伶牙俐口，她指東我偏往西走，就業率先刪除朝九晚五的公家飯碗，直接投入日夜顛倒的行銷傳播；

擇偶也不循細水長流的永續模式，寧可飛蛾撲火、不開心就拆夥。

我投擲了所有的青壯歲月，驗證自己可以成就大事，以有別於我媽的方式。為此，殷殷渴望我媽的認可、讚許與允准。曲折而幽微的情結，使我們之間的相處，需要時間和空間來間隔，井水不犯河水、各自奔流。

我的婚姻，是我對我媽終極的揭竿起義，也是我人生第一次做出明確的選擇。婚後，我籌組了自己的小家庭，我媽掌控得很好的多重宇宙，到我手裡，時有滅頂之虞，我有我媽剛硬的質地，缺乏她澄澈的水靈。我無法變成我媽，在應該公道仗義的時候，把一碗水端平；更做不到圓融，將犧牲讓渡得從容。

再一次，我覺得我又失敗了。敗在我媽所設立的模範障礙。我輸得毫無懸念，如果還可以選擇，我希望自己再也不必與我媽論輸贏，讓井水與河水破除客氣、克己的藩籬，我們來談感情。

在學習人類圖的過程裡，我媽的設計圖，一直被我攢在手邊。如同破解一個撲朔的謎。不出所料，她的特質和能量場，與我完全相左，她一定很難理解，自己的情緒張力、驅策動能，這些構成她努力前行、精益求精的優勢，為什麼一點都沒有承襲到唯一的女兒身上？她的一句話，總是被我放得無限大。她驚訝於我的多思易感，我嗤之以鼻她的鐵石心腸。

我們少得可憐的共通點，也矛盾重重。我們都善於邏輯思考，她會堅持想把模糊的地方搞懂，找到正解；我則沉溺在虛無的靈感畫面之中，訂製劇碼。以至於我媽老是擔心，她大齡的女兒尚在做著傻不隆咚的白日夢，早晚得喝西北風；而我嫌棄我媽凡事正經八百，人生何必尋思得太透？

把我們的圖交合來看，裸露出相同的軟肋，意志力中心空白。因為缺乏自我價值認同的穩定能量，不斷妄自菲薄，始終錯覺自己水準不夠。如同我為了證明足以自立，執迷於刷戰績、買名牌，找機會便在我媽面前炫示成就。

而在我媽固若磐石的外殼下，亦懷疑自己教育得不夠，導致成我的內向與慢熟。做事還只有三分鐘熱度，在講求條件與出身的社會裡，更顯吃虧，只能靠出賣勞力、賺朝不保夕的血汗錢。

彼此的軟肋，似荊棘般盤根錯節。**我們都在對方身上尋求肯定，借靠彼此的言語行為，來確立自己的價值，是個傲人的女兒，是個稱職的母親。**

事實是，少說肯定，不代表我媽不肯定。她也在學習有關肯定的議題。肯定自己身為母親，有盡到提醒和張望之責，好讓我們能做出更優於她的選擇。

她對我投下的諸多反對票，警鐘意味居多。她看穿我對於名利、關係的菟絲依賴，卻看不到我應付起落、聚散的心理建設。就算知道阻擋起不了多大作用，她仍舊願意為我做。母愛的極處，不會討好賣乖、先替自己算計後果。

反觀我，更加吝嗇，有意識以來，我對我媽說得最多的，都是鐵錚錚的否定詞：「我絕對絕對、不要成為像你一樣的媽媽。」

我的心視我媽為模範，而我對待她，卻擺出跨越障礙的姿態。

這一堂由「和解」開始的學習，願以「善解」作收。**跨越荊棘的方法，是認識對方真正的模樣，不醜化對方的立足與動念。**我擁有的浪漫，是時代為我上色的粉彩。她固守的務實，是際遇教會她的本事。

人類圖看關係的第一課，是允許對方，在關係中擁有做自己的自由。愛不是價值判斷，不是優劣評比，當我們渴望愛，必得先付出愛；當我們希冀認同，何妨先釋出肯定，和對方說，你做得很好，我以你為榮。

知女莫若母，我相信，我早已超越了我媽的期待，當我決定勇敢奔赴自己的人生，為自己的選擇負責，不再拿她的批可、讚揚，當成令箭或盾牌。知母莫若女，我明白，我們都不習慣把愛表現得張揚顯擺，能夠互吵鬧、挑骨頭、掀底牌，都是因為足夠的相愛。體己對方有不同的、表達愛的方式，不再亂疑猜。

我念茲在茲多年的模範母親障礙，是自卑自抑的譫妄使然。我媽從來沒有期待，我要變成和她一樣的模範。我只需要掙脫心魔，以自己為標竿。

我媽，永遠是我媽。謝謝她以自己的原形，詮釋了母愛的其中一種模範。**使我學會愛的寬宏和深邃，和證明價值無關，而與自重及尊重有關。**當我也成為母親的現在，因此能愛得更無障礙。

壞東西

三年前，在初夏涼風習習的北海道小樽，我第一次發覺我爸有點不對勁。

那是久違數十年之後，我和先生帶著小孩、與爸媽一起出國的家族旅行。朋友覺得我們憨膽可嘉，兩個小孩加起來不滿十歲、爸媽年紀的總和超過一百五十歲，攜小扶老，尤其考驗修為。朋友耳提面命：「記得，你是去修心、不是純散心的喔。」

一到小樽，就先上演了驚心記，閒逛才一轉眼的功夫，爸爸就不見人影。熙來攘往的藝術村街口，我們分頭穿梭在手工藝品店和咖啡廳找人，過了好一會兒，爸爸出現在原本約定的地方，沒事人似的回應：「我剛去上廁所呀。」

緊接著，走心的片段不請自來。行程的第一站，我爸執拗著要先買伴手禮，明明各景點都有得買，仍勸說不聽。好不容易結束採買的回合，前往預定的餐廳走沒十分鐘，我爸開始大發雷霆。

「吃什麼了不起的東西，需要走這麼遠。我走不動啦！」於是一屁股坐在街邊的小攤裡，一副「就吃這家吧」的乾脆神情。小攤人煙冷清，我們定睛一看，菜單上賣的是一客一萬日幣起跳的鰻魚料理。

至此，我媽正式加入戰局。原本就已經憋了一肚子氣，真要爆發起來，沒在顧慮面子問題。「才走幾步路就喊累，那幹嘛買這麼多東西？自作自受！要吃你自己吃去！」

我已經忘了後來我們到底是怎麼解決中餐問題。因為行程中，這類齟齬不勝枚舉。拉麵說太鹹、餵海鷗嫌風大，唯一讓我爸滿意的行程，可能就是坐在洞爺湖畔發呆；而少數對我爸胃口的烏龍麵，半夜讓他狂瀉不已。

偏執、易怒、疲倦，都讓我覺得訝異。我爸的確不是遍遊天涯的玩咖，但怎麼會體力退化到一點玩興也沒有。我媽說：「就是年紀大了，還有到處找廁所，讓你爸緊張。」關於交替出現的便祕、腹瀉，我們都往腸胃敏感來聯想，並未警覺其他關連。

回國沒多久，我們一起觀賞表妹舞台劇的公演，我注意到爸爸的氣色不好，特別白剔。我媽從臨座遞話給我：「醫生講，你爸貧血得怪異，懷疑是腸子裡面長了東西。」

「東西」。我心中一凜。對於疾病，可能不願太快喪失希望，我們家一向隱晦其名，只用「東西」來代替。爺爺的骨髓裡長了東西、奶奶的胰臟裡也有東西。可希望從來沒有眷顧過家裡，只要有東西，通常不是好東西。

我不知道媽媽心裡有多少準備，回程車上，她和我爸還保持著談興，從表妹的舞台劇結構、聊到台灣的戲劇環境。望著爸爸滔滔不絕的背影，絲毫不察有什麼「東西」蟄伏的陰影。然而它就在那裡。我還有多少時間，可以多認識一點、願意和我談論舞台劇的爸爸呢？

答案是以五年為單位，依照不同的病況期別，各有長短比例。至於是多長還是多短，醫師不願意過分武斷，他指著X光片泛白的部分，解釋腫瘤長大得很快，爸爸的腸子已經被堵塞到只剩半指的縫隙：「大腸癌，趕快動刀吧，再拖下去很危險。期別要等化驗之後來判定。」經過診斷，醫師一下子就為「東西」驗明正身。認為諱疾是大忌，及時面對，才有生機。

決定趕在農曆年前動刀，一家人全忙碌起來。變故發生在節慶裡，有種喜怒哀樂全被錯位的滑稽。既不能表現得太過擔心，也顯露不出真格的開心，只能謹慎著自己的情緒。

我媽把行李箱的拉鍊扯得震天價響，而我馬不停蹄地寫錄語音訊息，通知護理站，何時會辦理住院手續。我爸在我們中間踱步，不斷打開後陽台的門去抽菸。一家人，只能藉由聲東擊西的噪音來吐露真心。其實發一場痛快的脾氣，也許能夠緩解情緒僵持的張力，但現在不比平時，我們不確定自己有多少發洩的餘裕。

多虧熟識的朋友牽線，替我爸掌刀的醫師是腸胃科的權威，他幾次來巡房，老勸誡我趕緊去上班：「長期抗戰，未來還有用得著你的時候，不在一朝一夕。這裡有我，不擔心。」爸爸在醫師面前乖馴得像貓，也一個勁兒地朝我揮手，讓我快走、快走。

走出病房，深重的哀愴感撲鼻而來。爸爸入院後，我聽得最多的，就是這幾句：快去上班，公司禁不起員工三天兩頭請假；快點回家，已經出嫁的人，不要忘了自己的家在哪裡，少讓先生和公婆操心。

身為長女，我在應該親力表率的年紀，從來不在家裡，小時讀書、競賽都不行，大了只剩工作狂的本領。成家後，娘家的房間不再有我的，每次回去，我媽耳提面命我清東西。過量的書籍、捐給圖書館；看起來長得都一樣的洋裝和牛仔褲，通通進了回收站。

出嫁，和出清同款，售出概不退還。將我原本就稀薄的根柢，換植到別家去。連最親的爸爸住院，也不能換遠嫁的女兒再住回家裡。探病到點之際，就是我該「回家」的通牒。我的家，究竟在哪裡呢？我望著爸爸，爸爸再出聲催促了我一次，趕快跟先生回家去。

黑漆漆的車途，開了強力車頭燈，視線依舊稀迷，先生邊開、我邊哭。哭自己的失職，沒能繼承爸爸的衣缽，也沒盡到長姐的責任。先生側頭問我要不要緊？我哭得更響了，真正要緊的憋屈感，要怎麼說出口。

有個頗富道行的命理師告訴我：「你命裡親緣淡薄，唯獨責任重大，女命男用，是注定拉拔家族的人。」當中的拉扯，成為此生的業力功課。從人類圖的角度觀之，也驗證了我徘迴在出逃和承擔之間的經年掙扎。

論個人的特色屬性，我是不折不扣的**個體人，只隨自己心意而行，**家人插手管得太多，我就逃得遠遠的。然而，**我卻比誰都渴求完整，特別是來自家庭的擁抱和歸屬**。儘管我老是一副拒人於千里之外、自己可以獨立行事的樣子。

爸爸從診療、入院的連串決策，由我仗著過去在醫療產業工作的人脈，一一著手安排。不時忽略了病人本身的意願，只求藥到病除。偶爾忘記我還有媽媽和弟弟可以商量，不能全憑自己作主。

在家族的議題上，我只想盡力展現自己有多強，能夠媒合各種救治的資源，使我爸得到照顧和厚養，以彌補過去的失職，冀望由此獲取肯定和感謝。所以，當我聽到快去上班、快點回家的叮嚀，累極攻心的我，只領受到被排拒在外的隔閡感。彷彿家族同姓的女兒不存在，我為此憋屈、不平。

爸爸開刀休養期間，有精通靈學能量的朋友，私下替他送光祈福。據說亦能在過程中，讀取到對方未曾言說的訊息。朋友將訊息原封不動地轉譯給我，爸爸心裡想說的是：「感謝你為我做的一切，爸爸以你為榮。」我聽後，登時放聲痛哭。不懂自己跟家人置氣了半輩子，為何到了生死交關，還要鬧這麼一齣小家子氣，執著於父母的口頭恩惠？

這便是人類圖裡的土星課題，為我帶來的嚴峻考驗。**土星，象徵限制，迫使我們做出調整，使我們學會對自己的行為負責，以長成穩定和成熟的大人。**我的土星，正坐落在40號閘門，這是一個家族屬性濃烈的閘門，能夠憑藉著意志力，遞送資源給所需者，解救苦厄於水火。

所以外表鐵打如我，內裡卻脆弱得棉絮一般。因為懷抱著「期待獲得」的扭曲心態，一不小心就「給予失當」，付出、支持、拯救，都成了情緒勒索，越得不到越給、越給越得不到。

40號閘門聽起來悲情，跨越門檻的道理並不難：歡喜做、甘願受。不需討好、不必乞求，家裡沒人要求我這麼做。我「回」家、我「顧」家，不是為了證明家裡非我不可，而是單純為了我「愛」家，這麼簡單。

在病榻前，我做回單純的女兒，能剛能柔。該遵從醫囑時，我鐵面無私、絕不打折；爸爸規定我回家的時間，不能超過晚上十點，我也唯命是從、毫不囉嗦。

最大的轉捩，是我懂得偶爾賣萌，想討拍就直說：「爸，今天我再多待一分鐘啦，換周末少待一分鐘。」我也學習不再硬撐，家裡，不應該是一人獨大的地方，彼此分擔，才會擔起一個家。

病理上的壞東西，最後讓我認識了「家」與「家人」，不是我原本以為的東西。何處是我家？有家人在的地方，都是我家。人女、人妻、人媳、人母之間，沒有哪個角色絕對地制霸，我爸的催促，是怕我忘記，自己也成為了別人的家，有人在等我回家。**親情，愛得獨厚，不如愛得均衡。**

既是家人，付出和回報，也不用計較太多be fair、追求一來一往的公平，只要be there、時時來往，與其同在，就夠了。

黑馬王子

先生的個頭不高，打籃球總是吃鱉。與別的系所聯誼，身為幹部，別人抽鑰匙載正妹，他去程載西瓜、回程載垃圾。偏又生了一張看不出年紀的娃娃臉，初出社會的那幾年，被當成「細漢仔」來使喚，也是司空見慣。

「這個世界，先天的門面，決定了入場券。沒關係，人定勝天。總有一天，我會證明給你看，不只有白馬王子高富帥的那一種type。黑馬王子，貌不驚人，反會後來居上。」

這是第一次約會時，先生對我說的話。學給朋友們聽，個個都視他為奇葩：「天時地利人和，難道不該說些花前月下、聊表真心的話嗎？還黑馬王子咧，可真夠非典的。」

雖然非典型，先生言出必行。籃球不利，他改學網球，打得頗有聲色；統計系畢的人在金融產業，多如過江之鯽，他自修程式語言和財經知識。不出幾年，當先生向家人求娶我的時候，他已在外銀體系站穩腳步。

先生告訴我，那一席「黑馬王子」論，代表了他的真心。謝謝我沒有因為外在條件卻步。「所以，我會讓你的每一天，都過得像是求婚的那一天。」

我最怕眾人面前喧鬧浮誇的示愛宣言，幸而先生也不作興此套。求婚的雙人場面，寧謐溫馨，和我們吃飽飯一起散步的夜晚，一模一樣，連月色也是熟悉的，柔煦而亮堂。

這麼靜好的場面，在我過去的兩性經驗裡，實屬罕見。多半是我的天性弱點使然，鬧得誰也不能安分度日。在先生那裡，我卻意外得著了所謂的「公平」，從而衍生出踏實的歸屬感。

愛裡，講得清公平嗎？人的心都是偏的，關係中也多的是扮豬吃老虎、愛著卡慘死的前例。先生的公平，不偏不倚，是「你若不離不棄，我必生死相依」的肝膽相照。願意極大限度地給予扶助和友誼，回應我的經營與付出。

沒生孩子之前，我們堪比影集《軍師聯盟》裡的司馬懿與正妻張春華，視彼此為最佳盟友，在幅員遼闊的家族議題裡互相馳援、在刀光劍影的職場上借力借鏡。不曾想過，**讓我感覺安全無比的「公平」原則，有天會演變成最大的衝突來源。**

這是我人類圖五階作業的主題，用雙人合圖的概念，檢視關係中的火花、主導與妥協。初學到不同的解圖技巧，大家都很雀躍，我有點近鄉情怯。

當時，對於親密關係，我心懷粉飾太平的苟安立場，軍師聯盟的黏濃羈絆漸淡，我只下意識地解釋成：老夫老妻都這樣。家人的角色代稱，會取代我們最初踏入關係的身分。

大女兒誕生的那天晚上，我們都獲得了新的身分認證，以及彼此稱呼對方的新暱稱：爸爸、媽媽。

我聽過不少夫妻這樣呼喚對方，我的父母也是。只有一言不合時，才會連名帶姓直呼名諱。心底深處，我一點都不喜歡這個新稱謂，率先湧現剝奪感。

聽起來很小家子氣，對吧？哪有一個當媽的人，會在意這種理所當然的事情？不習慣被稱作某某太太、而堅持我是某某小姐，還情有可原。**我已經是個母親了，應該沒有任何角色會比母親更優先與重要吧？包括「自己」，這個原生角色。**

在五階合圖的作業分享會上，我娓娓道破艱難啟齒的心聲：以伴侶為基礎的婚姻關係，滿足了我這個個體人，在身心能量上的缺乏：亟需被肯定，尋求無條件的支應。然而，當「我們」不只是「我和先生」，還包括了「我們一家人」，潛藏在我基因血肉裡的瀟灑狼性，時刻想脫群，尤其在被有意識地鎮壓與馴服之後。

狼性，對於兩人世界，可能有怡情的效果，但對於家族，永遠是個威脅。我的易感與跳躍，我不按牌理出牌的消費和享樂，深深顛覆了先生穩守的生活感官，彷彿透過我，看到了另類新世界。

成為爸爸、媽媽之後，那個五光十色的新世界，即成泡影。熟識我的人都知道，我家有本「家庭聯絡簿」。規則很簡單，任何會影響家庭作息與活動的安排，舉凡公司應酬、朋友聚會，必須提前兩到三周知會對方，同時記錄在家庭行事曆上。

登記在案，還不算完事，最後的關卡是門禁時間。是的，你沒看錯，我爸媽都關不住我的門禁，在我自己建立的家庭，沒有太多耍賴空間。先生希望我在孩子入睡前到家，不耽誤陪睡的時間，讓孩子保有正常作息。

可是，最晚十點必須返抵家門，在我們傳播領域，難如登天。大家下班時間不定，通常要到晚上八九點，才會全員到齊，如果上菜時間一耽擱，等於講沒兩句話就得離開。我一再越線，狼狽得很，先生忍耐了幾次沒講話，終於也到了爆發的臨界點。

那天晚上，是個特殊的飯局，專為對岸歸國的戰友們接風，連昔日的老闆都百忙之中趕到。我很懷念談興高昂的氣氛，讓我重溫了久別的自由。有了孩子之後，時間分秒必爭，想多聊兩句，LINE裡不時出現孩子各種狀況題，爭奪有限的注意力：湯灑了、姐姐都搶我玩具、明天學校規定要帶扯鈴。

等我注意到時間，早過了十點。一進門，趕緊先賠不是，先生不吭聲。我還想賣乖，先生隨即炸裂：「你能不能為家庭多用點心？不要每次都把人家的話當成耳邊風？」

知道自己理虧，儘管心裡風馳電掣一籮筐回嘴的話，也只雲淡風輕：「對不起啦，這次機會真的很難得，大家都還在，我也不好意思先走，下不為例。」

先生嘆了一口氣：「你以為，只有你才想出去找朋友聚聚嗎？我也想要有自己的時間，不是永遠在照顧三個女兒！」

那第三個女兒，指的是我。聽到這句話，好多複雜的情緒一湧而上。不是說，會讓我的每一天、都過得像是被求婚的那一天？那一天，到底在哪邊？從你不再以「媽媽」以外的名字稱呼我時，我們就已經喪失了那一天。

還有，誰說我沒有為家庭用心？我出去上班、分擔經濟，不算用心嗎？少在那邊情緒勒索，你想有自己的時間，大可明講，我絕對大方，不會訂下這麼嚴苛的門禁規則，搞得我吃飯都提心吊膽的。

爭執的聲音太大，擾醒了孩子，看著她們驚惶的眼，我不禁感嘆，我們究竟是怎麼走到這一天的？軍師聯盟的間隙，深黝不見底處。

類似的場面又發生了幾次，每回都繞著同樣的問題打轉。我們漸漸有些害怕這些無解的衝突場面，彼此矜持著、謹慎著，盡量不觸碰核心的雷點。然而問題並沒有解決。

狼性一直很想掙脫一切，就像先生的家族雷達，可能也在懷疑自己當初是不是看走眼？本想賢妻入懷，結果引狼入室。某天，我看到人類圖創始者Ra，給予關係忠告的一句話：「**面對家族，你只能真實地做自己，以此來展開一段關係。也只有如此，你身體屬於家族的部分，才能在家族規範裡正確運作。**但前提是你必須明白何謂忠於自己，不然生活就會一團亂。」

忠於自己，真的嗎？家族裡，我隱忍自己，丟棄自己。換個角度來想，我也已經記不太清楚，當年黑馬王子的模樣與志趣。想必先生也做出斷捨。在我們成婚十一年以後，象徵堅韌如鋼的鋼婚，要如何成為不綑綁彼此的鋼索呢？

以做作業為名義，我想為關係重新努力一次，趁我們都還沒有墜落在間隙的谷底。隨後驚訝地發現，最早吸引彼此靠近的「公平」原則，是使我們感受到惺惺相惜的火花。因為共同遭受過不平等待遇，我珍惜看重自身付出的伴侶，先生感激有伯樂欣賞他的黑馬潛質，如此一拍即合。

進入關係後，先生本持家族人本色，以家庭的長治久安為重，特別在意為人父母的角色分際，律己律人皆嚴，犧牲個人交誼與享樂，凡事妻女為先。而我，孤狼個性作祟，最痛恨別人掣肘，明明心裡有氣，和最親近的伴侶也絕少挑明，寧可掩耳盜鈴，為家庭的和諧而退讓。

火花，就這樣變成了火線。我覺得先生待「我」過苛，母親之前，我還是伴侶；先生期盼曾經的伴侶長大，因為「我們」現在是一個家，**彼此都在斤斤計較，要求對方想的與做的和自己一樣多，才叫「公平」。**

作業必須要有結語，如同關係的努力需要有撥雲見日的契機，苦思多時，我最後寫：記得我們是同盟。福禍都可以共同擔當，能夠做到看似各蒙其利「公平」，是因為不分你我、「互相」幫襯的情意。

患難不分你我，過尋常夫妻生活，卻最好牢記原始的你和我，不嘗試改變原始的你和我。黑馬王子的本質，除了是包山包海的爸爸超人，還是勇於嘗鮮的水瓶座少年；孤狼女俠的前身，本是滿腦子奇趣幻念的異想女孩，崇尚風一般無所拘束的自由。

「忠於自己」，是我與先生做出的第一個改變，讓我們以家人的關係，支持對方做回自己。我不想被管束，那就更要有自覺，多擔綱一點策動和引導的角色，讓先生發揮所長替我籌謀；我們維持著家庭聯絡簿的規矩，而不被規矩所侷限，**沒有誰需要一直付出**，想獨處、透透風，隨時討論分工。

開始時，不容易，家族畢竟是充滿期待、義務、責任的地方，但我們關係的起始點，是從來不讓對方隻身面對這些重擔。一起，就輕鬆多了。

黑馬王子的諾言，歷經了快要十二年，在即將迎來鏈婚的前夕，想和先生說，謝謝你的成就與成全，我與你度過的每一天，都像重溫求婚的那一天。日子不會永遠好天氣，而你總在日子裡，替我抵禦著光陰的溽暑和冷雨。

最愛

我很喜歡英劇《王冠》的某一集劇情，描述女王和當時的首相柴契爾夫人，在例行會晤時聊到各自的孩子。柴契爾夫人毫無隱藏，坦承雙胞胎中的兒子，是自己夢寐以求的「最愛」。自認公平的女王大感意外，渾然不察，自己在無形中也偏袒著「最愛」的安德魯王子。

拿著這一集，到處去問身邊的雙寶、三寶媽，孩子之中，真有「最愛」嗎？還是一樣愛。我得到了形形色色的答案，同樣讓我意外的是，多數的朋友很誠實地招認，她們確有「最愛」。可能出自先行者優勢、可能脾性和自己最為類似、可能說不出為什麼，看到孩子的第一眼，就感受到與眾不同的羈絆。

朋友反問我，那你呢？我停頓許久，難以作答。老實講，就性別而言，女兒，並非我期待中的「最愛」。我在鼓吹兩性平權、拔擢女性升遷的職場，打滾快要半輩子，心裡仍然擺脫不了「無後為大」的包袱，每回聽到誰生了女兒，脫口而出的祝賀，活像鄰里間好事的八婆：「恭喜啊，女兒『也』很好啊。」

什麼叫做「也」很好？不能直接說「很好」就好？連在造字的結構裡，女字都得借靠子部，方能合湊成好。矛盾在新世代與舊傳統之間的我，恰恰有兩個女兒。

生大女兒的時候，我一腳跨入高齡產婦的門檻，身體飽經高壓工作摧殘，性別不是重點，能生下健康的孩子，已經阿彌陀佛。等孩子滿兩歲，各方漸漸湧現催生的關切：「趁沒過四十，再拚一個。頭胎生女兒，通常會招弟弟來投胎。」

我表面裝得順其自然，私底下是認真較勁過的。各種生男的偏方，差不多都試遍了，算日子、調整飲食、四處求神問佛。當再度驗出兩條線、懷孕徵兆與第一胎大相逕庭的時候，我深信自己會有一個兒子。

結果，羊膜穿刺的性別揭曉，完全出乎我的意料。醫生的眼睛眨也沒眨、直接宣告：「沒有小雞雞，是個女兒。」那天先生有事走不開，在診間外等候我的，是男女性別意識淡薄的公公。

興許是沒有女兒，公公很開心家族又多了一個孫女，並沒有發覺我在鄰座臉色鐵青。我知道這種情緒起伏，對孩子很不公平，心裡還是忍不住一陣又一陣的失意。我這輩子再也不可能有兒子了。這個頹唐的念頭，久久無法散去。

同樣期盼兒子的，還有我爸。他從未明講，我能意會。那是一種期許自己的女兒，能夠不負婆家眾望的責任意識，那也是一種父親對女兒的私心疼惜，有了兒子，地位穩固，日後就好命了。

得知二胎還是女兒，我爸打了一通電話來。他向來有很高明的幽默感，援引時事來寬慰我：「現在時代已經不一樣了，連總統都換女生來做。你這個女兒來得是時候，說不定是來報恩的。平安就好。」

然而，二女兒來得並不平安。像是在抗議我的偏頗，懷孕剛屆十二周，就開始斷續出血，硬捱到六個月，早產跡象越來越明確，只好卸除工作、臥床安胎。對深恐職場位子被取代的我而言，並不是休息，而近似中斷。

我覺得日復一日、被困在臃腫疼痛的軀殼裡，不能動彈。基礎的吃喝拉撒，必須靠人打理，喪失自己在意的尊嚴與秩序，情緒因此抑鬱不已，白日萎靡、夜不能寐。吸吮著過多母體情緒而長成的小女兒，一出生就十分敏感。

埋怨造物不公的同時，也會驚嘆於造物的神奇。我的兩個女兒，長相、個性、喜好，南轅北轍。姐姐從小天真、大而化之，天塌了也能當被子蓋的樂觀，不知是哪來的遺傳。妹妹天生機巧、心眼活絡，心情好時能把人哄得暈陶陶的，情緒一來，任誰都要退避三舍。

人類圖也談教養，有別於紀伯倫《先知》中的比喻：孩子是由母親的弓背上，射出的一把箭。我們在課堂上，喬宜思老師常形容，**孩子是我們每個人的未竟之夢，從孩子身上，可以覓得我們最想企及的部分。**

剛開始，我有點半信半疑。「生不出兒子」的烏雲罩頂，我對待散仙又內向的大女兒，非常嚴厲，極度沒有耐心；而望著動輒哭鬧、難以捉摸的小女兒，又顯得有心無力。

我不太明白，孩子究竟能弭平哪些未竟之處。母親的身分，反而使我感受到更大的掏空。每思及此，罪疚感濃重到足以吞沒我，我不是不愛自己的女兒，**我只是不知道該怎麼在母愛之中，將虛榮的期待值篩濾出來。保持母愛的純粹和忠誠，像我從小期待獲得的那樣。**

大女兒上到幼稚園中班，才第一次開口跟同學說話，同學驚異交加，速速奔告老師，Callie原來會說話啊。同學以為她天生喑啞。

長輩在替小女兒換尿布的時候，有次半開玩笑地捏起她的小鼻頭：「真是可惜呀，你為什麼不是男生呢？你若是個男孩子，你媽可就圓滿了。」

是這些無心的話語，使我的母愛得以醒覺。我不想讓孩子因為天生的特質與性徵，而承受有意無意的貶抑或嘲弄。小時候的我，也是如此羞怯，永遠跟不上正規學習的步調，「你怎麼會這麼笨？」聽人講久了，自己信以為真。

和生個兒子，光耀門楣相比，宇宙選擇賜予我兩個女兒，大女兒和我宛如翻版，是個化外之民；小女兒則擁有一些我不敢奢想的條件：洋娃娃般的臉蛋，自成一格的氣勢，在學校裡人氣暢旺，十足的女王排場。

從殊異的兩個孩子之間，檢視自己的本質與渴求，將自己從「功在家族」的添丁囹圄中解放出來，試著成為一個內在圓滿、而非外在虛張的人。這是宇宙給我的終極祝福，看似得非所願，實際上，我得到的，就是我最需要的。

當我鼓起勇氣，將她們的人類圖設計拿到眼前細細張望，剎時明白喬宜思老師口中的未竟之夢，是什麼意思。兩個女兒從我身上繼承了最獨特的部分，我們都是投射者，亦仰賴幽微卻又精準的直覺，作為決策依歸。

我對衣著用品的美學眼光，她們展現在繪畫彩紙上，大女兒能夠精準地刻劃人物細節，陰影、褶紋，栩栩如生；小女兒走印象派風格，色彩搭配得野性衝突，鮮明、潑辣，信手拈來。

她們最不受我管束的，其實是我自小欣羨的長處。兩姐妹各有應對外在壓力的套路，姐姐徐緩、妹妹孤注，這好像是我一輩子也無法好好與其安在的「自我」，總是在追趕、迎合，想辦法讓自己和光同塵，不要顯得太突出。

我不斷敦促她們：姐姐，動作快一點；小妹，記得等一下別人。世界上不是只有你們兩個人，不要這麼唯我獨尊，會招人討厭的。兩人被我動輒喊罵，姐姐早熟得多，小四的年紀，已經發展出十四歲的少女口氣：「被討厭就被討厭啊，我自己的事情，為什麼不能自己決定什麼時候做完？」妹妹以她的慧黠、提油救火：「唉呦媽媽，你講話的口氣，真像外婆。」

她們說得沒錯。我一字不差地承繼著上一代的教育方式，刻意忘記自己曾有多麼束縛。雖然嚴格剛正的教條，使我養成了循規蹈矩的性格，未獲肯定的洞見和脈絡，卻在我成年以後，成為不時叛動的暗火，四處燎原，反灼己身。

年幼的投射者，是含羞待放的蓓蕾，**第一份珍貴的邀請，來自父母無條件的欣賞，給予適性發展的空間，使她們充分體會「做自己」的力量。**此種正向循環，幫助投射者建立起辨識正確邀請的能力，並且能在時機尚未成熟之前，安於等待與沉潛。

周末時光，當兩個孩子懶洋洋地躺在床上，號稱耍廢。我撇下腦中被烙印已久的規章：「周末，是最好衝刺與累積實力的機會，一定要作息如常。」輕手輕腳、一股腦地鑽入她們的被窩：「啊，媽媽也好想來耍廢一下。」

孩子咯咯笑起，扭動著蟲一般的身軀，我才發現她們就著窗台照進的陽光，正觀看著空氣裡懸浮的微塵絲縷。太好了，這也是我小時最喜歡的遊戲。於是乎，我們母女仨，一字在床上躺平，各自發揮最好的想像力，幻想那些碎塵來自哪裡。

成為她們的母親，對我而言，也許是最好的修復，使我得以重拾本色。在成為一個討喜的人之前，能**先喜歡自己、不再壓抑成為自己**。母愛的純粹和忠誠，不僅護佑著生理的平安長成，我更願意多付出一些，來眷顧她們內在的茁壯完整。

至於「最愛」誰，似乎不需要攀比、執著。

我相信，不同個性的孩子，會觸發出母愛的多元面相，母愛的淵博，不只定於一尊。重要的是，**讓孩子在母愛中，仍保有悠然自得的空暇、各自發展的彈性，因為無恐於愛的氾濫或圈束，孩子能長成一個最愛自己的人**，去貼合人生中的各種角色，又不過分固著，而吞沒了自己。

大小姐與阿忠

阿忠的本名不叫阿忠，大小姐想當然耳就是本人我。

這個人設組合，起始於我和人類圖夥伴凱文的合作，原本只是一句戲謔彼此個性南轅北轍的玩笑話，我挑剔難搞、崇尚燈光美氣氛佳，活脫脫的大小姐。凱文則勇於冒險犯難，是上山下海的戰士。每次約見在我不熟悉的地方，我根本連Google map都懶得用，凱文怕我摸路走丟，總是提早和我約在捷運站，護衛一般帶我抵達定點。

我嘴上賣乖說不好意思，事實上卻很享受這種特權，凱文打趣回應：「你知道港劇裡面，大小姐的司機，通常都叫阿忠嗎？」自此，我便以大小姐自居，暱稱他阿忠。

凱文來自香港，把我們牽合在一起的，除了職場背景雷同，還有對於人類圖實踐的熱情。想把這門知識落實在工作場域，迷惘時，可以用來自省和自救。就這樣，我們一起催生職場分享會「下班後的小乾杯」，創造出開放與支持的環境，借重大家的職場經驗，互通有無、互助互利。

我們的合作，也是截長補短的能量實驗，希望彼此適得其所。我的長處在於創意，凱文則專精脈絡，分工的方式，主要由我拋出概念、定調方向，再由凱文將天馬行空的一一落地，又把超出界限的收攏整齊。

當時沒有想到，這個合作牽扯出根深柢固的關係課題：如何面對衝突，坦露情緒。以及，如何將全副的自己，交付給對方，學習信任與放手。

我一直以為自己把合作精神發揮得很好，既懂得做球、又不逞英雄。只是，有種說不上來、欲言又止的什麼，緩緩醞釀當中，直到我們籌辦跨年派對的時候，由檯面下滿溢出來、噴灑了一桌。

這原本是我們雙方都很期待的活動，得以貢獻人類圖的觀點，分享來年的職場動向。不過，既然是派對，牽涉到的細節，比單純的分享會來得龐雜。討論了好一陣子，我也按照慣例，天馬行空地拋出一些浪漫的想法，像是讓大家各自帶喜歡的東西前來分享，可以是吃的，也可以是才藝，形式不拘，重點是營造豐盛感。

聽似簡單的概念，其實隱藏許多牽一髮動全身的地雷。光是尋覓符合派對氛圍的場地，就已經讓人筋疲力竭，我看得上眼的地方，價格貴得咋舌；價格實惠的所在，又欠缺基本的視聽設備。凱文還憂心餐飲的拿捏，如果要配合我的點子，有些場地會衍生其他的收費和限制。

坦白說，我長年與這些繁瑣庶務打交關，很理解現實不能盡如人意，需要窮極變通。我向凱文提議了幾個做法，舒適而價廉的環境，的確不好找，我可以再向之前配合的幾家廠商洽談，爭取替代性的轉圜。

海量的訊息你來我往，突然覺得無比厭煩。我意識到，凱文並沒有像過去那樣，全盤接受我的想法，針對預料之外的麻煩，我斬釘截鐵的回應，顯得他左右沉吟的為難。

我拿出在工作上的鐵腕，對他直球進攻：「所以，你還有想做這個派對嗎？我感覺你沒有那麼確定了。」心裡憋著沒說的還有，這些問題又不是不能解決，若嫌麻煩，大不了我來聯繫嘛。

凱文自有一套哲理，他說，自己不是不願意承攬，只是，他更在意開始時的初心是什麼？我們是不是花太多力氣在經營形式，落入捨本逐末的陷阱？

「像你剛剛的建議，我覺得都是很好的解決方式，但我會選擇把能量放在更重要的地方，例如內容的編排和表達。Choose a right war to fight.（選擇正確的戰場奮鬥。）」凱文打了好長一段文字，試圖將想法補充清楚。

這席話給我猛烈一擊。原來**意氣相投之下，信念可以如此分歧**。我理解凱文的立場，卻不以為然。好的戰士，不會選擇戰場，**我向來無役不與，沒有不戰而降的選項**。

另一方面，我感受到強烈的沮喪，逐漸轉變成節節高漲的憤怒。我們花在討論與聚焦的時間，不知凡幾，這些基礎性的形式問題，為什麼要到此時才踩剎車？難道覺得大家平時沒事幹？

我一向不懂怎麼直接表達憤慨，只會以十分幼稚的姿態，來遮掩我的不滿。我貌似雲淡風輕地回覆凱文，鍵盤被我敲得震天價響：「好，我覺得很意外，但尊重你的想法。要回到原本的形式來辦，也可以。」

這是我一以貫之的招式，順我者昌、逆我者亡。名為尊重，實則切割。遇上歧見兩極，我溜之大吉，閉鎖溝通大門，和對方說我需要沉澱，拒絕再浪費時間。

凱文讓我沉澱了一段時間。不通訊息，澈底斷聯。我們在之前達成了共識，維持派對同歡的形式，選擇落腳在較為平實的交誼空間。這是一個正向的節點，只有我抱持著彆扭的大小姐情節，心想，隨便。

沉澱的日子，憤怒到達高點。如果只把沉澱當成逃避，與日俱增的只有那些沒有出口的情緒。我從暴戾的情緒裡，重新見識到，原來我是這麼自視甚高的人設，過去引以為豪、協調折衝的優點，到底有多少成分，不是出自兩廂情願的合作，而是由於對方先做出讓步和妥協？

真正令我惱怒不堪的癥結，是我深信自己的堅持有其必要，而我統辦活動的經驗，技高一籌。既然不採納我的做法，就不要浪費我的時間。

在我慶幸彼此一拍即合的最初，凱文相對謹慎，他很紳士地預言，所有的關係，都需要時間磨合，他不在意時間需要多長，只要過程值得。

那時，我心深處，冷笑了一聲。不是我不認同凱文的觀點，而是我高估自己的優越。拜託，我在工作上，做了二十幾年的coordinator（協作者），是需要磨合什麼？

結果證明，我該磨練的，還有很多。

合作，是平等的。專擅各有長短，而我一直選擇以己之長，當高高在上的大小姐。阿忠之所以落地，並非他沒有做少爺的本錢，而是他比我明白人盡其才的道理。我想起凱文很常掛在嘴邊的話：「正確運用你天賦的方式，是珍惜你的創意，不是要你出賣勞力去忙東忙西。這個我來就可以了，我能做得又快又確實。」因為缺乏凱文的自知之明，我很常陷入不平等的奴役或傾軋關係。我的協作，鄉愿、獨霸。遇強者，曲意迎合；遇弱者，軟土深掘。

關係，是禁得起互相探底的。我卻寧可停留在「你好我就好」、或者是「你說這樣就這樣吧」的表象和平，心內始終洶湧難平。究竟為什麼？與其說是害怕衝突、不知該怎麼應付一言不合的火爆場面，更深一層來說，是我不願揭露底線，害怕叫人看穿。這是職場的厚黑寶典，喜怒不形於色、哀樂勿讓人知。我竟忘了，我們攜手同行的起心，不正是期許互為支柱、共為職場送暖的嗎？

把心內的底牌掀開，將冒著濃密黑煙的埋怨說出來，凱文竟然笑了，他的感覺和我一樣：「唉呦，又來了，媽呀，之前不是都講過了。」不過，他並沒有因為我的傲嬌與冥頑，而剝奪我生氣的權利。

「若連生氣，都需要跟夥伴隱瞞，這又算什麼穩固的合作關係呢？我寧可你生氣，更承受得起大吵一架的結局，也不想誰有委屈。」凱文的觀點，真的和我不是同艘船上的路數，我卻何其有幸，能有他合力同舟。

我以前覺得，「探底」形同冒犯，是不禮貌、不恰當的粗魯行為。只要對方與我意見相左，我便不願意再深入琢磨，早早認定，因為不同路，所以不值得。虛與委蛇即可。

但是，假裝客氣，隱藏與修飾自己的底線，反而是對關係的冒犯。**無法開放互相探底的關係，即使同路，也如路人冷淡。**

當衝突被真實地搬上檯面，不見得會有煙硝四起、你死我活的戲劇化排場，只要敢坦承自己心內過不去，坦率告知對方越了界，衝突就是具備建設性的破土，由底線延伸出空間，允許互相探頭靠近。

夥伴，是拿來依靠的。合作關係中，我很享受自己是強者，不總是能力的強，也包括了資源和能量的制霸。這是家族與職場灌輸給我的價值觀，借己之強，濟人之弱。我習慣發號施令，界定自己是扶助者，極少承認我有軟肋。

凱文在這點比我強多了，**從不把自己的「不擅長」，視為一種「弱」，那只是造物賦予我們的特色。**所以，他強調合作的「共創」，而非「獨創」，沒有誰需要主導，沒有誰必須退讓，一個人的軟肋，可能是另一個人的主心骨。

我要做的，只是把虛妄的盔甲卸下，做回有血有肉、會不爽會拍桌的夥伴。沒有必要把所有長的短的、大的小的，都攬在自己身上，輕鬆做拿手的，費力提不起的，放心交手給身邊的那隻手。

經營夥伴關係，獨善其身、獨沽一味，最後只能獨坐愁城，無法致遠。只有懷抱平等的覺知、守護彼此的真實、坦然自己的脆弱，願意依靠，才是負重的開始。

肆

愛，從幽暗裡透出光明

與闇黑對峙

有人說，我的文字，有愛、有願、有力。

鮮有人知，我對待自己與他人，曾經防衛、逞凶、猜忌。

我不是一直光明著，而是身歷過的黑暗，替我透出光明。

完美尺碼

在我的人類圖裡，有許多與「美」和「風格」有關的設定，對於美感的要求異於常人，最討厭中庸和從眾的想法，看重形式大過一切。跟過我一段時間的部屬或夥伴，不勝其擾，說我雖然看起來很友善無害，但我給出的評論，絕對是重擊弱小心靈的核彈級傷害。

我所投身的產業，正向加乘了這塊特質。被稱為是Miss Impossible（不可能小姐）的我，字典裡沒有不可能的事。辦新品首發記者會，跟著廠商夜間進場到凌晨，我趴在剛完工的背幕上、檢查每一塊輸出的接縫有沒有貼平整。只要被我檢查到任何一個微小的突起、沒有被埋藏乾淨的貼縫，二話不說立刻吩咐廠商重做，不顧遍地哀嚎時間不夠，我甚至威脅要苛扣工錢。

這樣不近情理的個性，曾被一個知名的秀導嘲諷：「你做人不能這樣，除非你想改姓『拗』。拗人的拗。」我臉不紅氣不喘地立馬回敬：「我姓什麼，我自己知道。倒是出工的品質，我希望大家不要叫做『誆』。誆人的誆。」

那段頤指氣使、眼睛只看得到頭頂的日子，我知道很多人都私下暱稱我為「拗」。包含我一手培養長大的團隊成員。

我的要求，微小到新聞稿的頭標與小標有沒有對仗、字數是否旗鼓相當。有個離開的成員，後來變成可以說實話的朋友，他說當年的我，十足的綠茶婊：「你會把整篇稿子、整份提案，改得面目全非。我和另個同事有認真計算過，唯一你沒有動的，就只剩標點符號。哇操，你這麼厲害，你就自己來啊。」

他們可能以為，只有我經手過的作品，才能被稱之為完美達標。他們不知道的是，在嚴以待人的標尺之外，我對待自己更為嚴苛，因為我覺得自己學識淺薄、相貌普通、身材肥胖，若不對出手的成品加緊管控，何以立足。

肥胖？很多後來才認識我的同事、朋友，聽到我說這兩個字，都會仰天長嘯，故作髮指貌：「到底想逼死誰？我就問，你這叫胖？還給不給人活啊。」

沒有人相信，我曾經胖過。不到致病的肥胖，但我的身高不過一百六十二公分，逼近七十公斤大關的體重，怎麼樣也不能稱之為瘦。我原本也很快樂地胖著，雖然整個求學時代，圍繞在我身邊的女生，都是極為骨感的林黛玉，穿著貼身還帶有點透視感的白色T恤，露出盈盈一握的水蛇腰。而我長年披掛著加大尺碼的佐丹奴，任由大腿內側的肥肉，不停在寬鬆垮扁的褲管裡摩擦，不分左右。

我知道自己的體態，和主流倡議的美型背道而馳，始終不以為意。

讓我劇烈轉變的關鍵，現在回想起來，都是些無聊的小事、早已與我無關的陌路人。譬如閨密室友一句真實卻無心的話：「這件衣服你穿不下啦。」一口拒絕我外借她衣櫃裡新買的戰服。也譬如偷偷暗戀他校學長，裝作無心地漫步經過他的機車前，卻只聽見他後座朋友的嘲諷：「欸，那個肥女一直慢吞吞擋在前面，都看不到燈號。煩欸。」學長噗哧笑了。

我好像就任由那個拒絕、那聲笑語，定義自己不美、需要改頭換面。我開始了漫長的節食生活，數學完全不通的我，精通市面上所有食物的卡路里組合。每天不能吃超過一千卡，聚餐如果得吃肯德基，會把最精華的炸皮全數剝除，隨身攜帶過水和濾油的工具。最後再也沒人願意跟我一起吃飯。

我在一年之內消瘦了很多，穿得下所有小得啟人疑竇的衣服。衣服變小了，其他的感受也連帶變得稀薄，包括飢餓感、疼痛感，還包括幸福感、存在感。我時時刻刻都在害怕自己復胖，只喝零卡可樂過活。

無論怎麼節制，我都感覺自己在膨脹、在發胖。把那些厭棄自己不夠美、不夠勻稱的心眼，全數警醒在工作和處事上。我變得很難快樂，心情好壞取決於一早脫光衣服測量淨重的結果，多出零點一公斤，立刻天崩地裂，覺得自己醜陋臃腫得無法出門見人。

學習人類圖的後期，我對老師和同學坦露了這段往事。其實很多病態的部分，並沒有被完全治癒，只是跟著我的老去，稍微變得和藹可親。每天早上我仍然脫光衣服秤體重，如果數字多了一點零頭，我會安慰自己是隔夜的水腫，越來越可以帶著多出來的體重出門工作。

我聽到大家倒抽了一口冷氣：「但你明明就瘦得跟竹竿一樣啊。」我不假思索地回應：「沒有，我還是有點胖。只是胖在你們看不見的地方。」這樣的對話重複了好幾次，我回想起自己在最為偏頗的日子裡，看過一部治療厭食症的紀錄片。

諮商師幫助病患正視扭曲心理的方式，是先讓患者畫出自己的模樣，再由諮商師協助病患躺在等高的海報紙上，貼著軀幹描繪出患者的真實體態。兩相比對的差異，讓患者大感驚異，心裡投射出來的肥碩形象，完全偏離大家眼中看到的枯槁模樣。

年輕的患者哭了起來。我也跟著哭了。

許多年來，活在完美尺碼的幻視裡，既和自信心低落有關，也彰顯我有多麼依賴形式與包裝，作為打入陌生群體的橋梁。因此，工作上，連過場都要做得無比風光。關係裡，一出手，務求高貴而大有名堂。

學了人類圖，才知道這是我的「火星課題」。火星象徵行動力，是爆發能量的來源，足以讓人興起旺盛的鬥志。然而，當我們血氣方剛、未臻成熟時，火星會釋出衝動、競爭、好勝的莽撞心態，來爭取有利資源，以表現自我，建立生存模式。

在我的人類圖裡，火星坐落的位置，都和外在風貌的呈現有關，擅長營造獨特的風格，以精巧的形式見長。老師的一句形容說得好，「外貌協會」。把自己打點得好好的，不容許自己經手的事情，出半點紕漏。**讓風格與形式凌駕一切的結果，我永遠只扮演著金玉其外的角色。**餓不餓、累不累、冷不冷、開心不開心，連自己也瞞著。真實的我，被禁錮在長年緊繃的褲管和衣領中，覺得登不上檯面，不敢把手腳輕易曝露出來。

但當我以人類圖為基礎，向外投石問路的時候，根本沒人在意形式是什麼。就算我素顏示人，約聚在簡單無奇的場地，沒有昂貴可口的高級點心，大家熱切交流得津津有味的樣子，簡直顛覆我的三觀邏輯。

會後，我收到一個與會朋友遞上來的小卡片，他遠從其他城市北上，換了兩種交通工具。我不斷向他抱歉，招呼不周，真不好意思。一低頭看到卡片上寫著：「真的很開心見到你。你是這麼溫暖、包容、有趣。

我喜歡你，不是因為你有多瘦、多漂亮、多博學。而是因為，你就是你。獨一無二、沒有人可以像你。請繼續保持，做你自己，閃閃發亮吧。」

我有點淚濕地抬頭，想把他的面容再看清楚一次，他卻已經走遠了。這段話，像一把銳利的斧頭，溫柔地擊碎了長久圈禁我的完美尺碼。使我再一次直視自己的偏謬：許多陌生的朋友，感念我無所不披的包容，我卻包容不了我自己那零點幾公斤的贅肉。從每一個人身上，我可以如數家珍、道出好多喜歡他們的地方，而我對自己，一點點都談不上喜歡。

這原來就是完美尺碼的實相，我的真實，被我視為醜惡。也是我的人類圖設計裡，因為曾經用力過猛、現在慢慢修正回檔的能量。我以為需要纖細、精緻、華麗，才能在台前覓得一席之地。沒想到卸除鎧甲，願意以真面目示人之後，對於喜怒哀樂、吃喝玩樂，保有不經壓抑的反應和欲望，反而比處處修飾、端著精裝，得以與人靠得更近。

我知道自己不完美。現在我這麼想，**缺陷，是人生賦予我們自在呼**

吸的美感。我們反覆增刪多年，最後總會明白，附著於形式的完美，即使美得令人屏息，卻也犧牲了好多自在呼吸的空隙。

我也不再過度壓抑，確保自己永遠穿得下零號尺碼。轉而相信，保有自己的尺碼，就是最美的尺碼。

火星課題，我不知道這樣算All Pass了沒，最起碼，我已經學到，塑造不被淘汰的生存風格，祕訣無他，只要真實地去生活，追求內在完滿，而非苛刻於外在完美。

社交恐懼症

從小，我就是一個極度內向且寡言的孩子。與生人講不到三句話，必定轉頭大哭，將長輩搞得極窘。現在之所以會出落成口齒便給的模樣，套句戲文裡的說法，是突然得道、脫胎換骨了。

只有自己清楚，牛牽到北京，還是牛。應酬、交際、哪怕是最基本的閒聊，都使我腋下發汗、胃酸直冒。我最享受的其實是應酬結束後，可以不必假裝親和的真自由，當司機跟我搭話，我把耳機一塞：「大哥，麻煩你直直開就好。我很累，不想說話。」

但飯局上那個話不嫌少的人，又是如假包換的我。因此，我說自己有社交恐懼的症頭，往往被嗤之以鼻：「你？社交恐懼？屁啦。少在那邊吹牛。」

某次，朋友在群裡傳了一則新聞過來，內容描述影視歌三棲的巨星梁朝偉，每隔一段時間，就會前往日本過著旅居的生活，出人意表的是，這麼多年來，他一句日文也不學，理由很乾脆：「我就是不想跟人說話。我享受獨處。」外界將他的孤僻，歸因於社交恐懼症。梁朝偉也坦承不諱，自己就這德性。

朋友問：「好想知道，什麼原因讓他這麼享受獨處。你的社交恐懼症，也是這樣嗎？」是的，我懂梁朝偉。

努力融入喧譁、甚至用力發聲，好讓自己能與喧譁並駕齊驅的日子，並未讓我習慣於喧譁，更談不上真正的喜歡。職場的需要，幫助我找到與社交恐懼共處一室的平衡，回到自己的天地，最好的日子依然是萬籟俱寂。

我曾為此做過諮商，學生時期過得閉鎖，不算大麻煩，我很樂於被當空氣。但出了社會，存在感突然變得重要起來，老是在客戶面前結巴，或敬陪末座插不進話，是關鍵職能的缺乏。溝通這行業，要允文允武，會說比能寫要更吃香一些。

恐懼的源頭，也許來自幼時的受挫和貶抑。諮商師請我回想，第一次感受到與人或團體交流時，可曾出現哪些細微端倪。聲光、氣味、情緒，什麼都好。老實講，我想不到太細微的線索。因為，我的感覺很「巨」。

小時有段時間，我苦於嚴重的結巴，起因不明。早晨被老師叫起來唸課文時，怎麼樣也跨越不了某個字。就像體育課跑跨欄障礙，我起腳到了跨欄前就停下來，不知道如何控制肢體、一躍而過。

全班同學回過頭來望著我，如同我做了與眾不同的事。老師寫聯絡簿叮嚀我媽要注意，貴子弟疑似語言閉鎖。我媽嘆了口氣，雙手不斷緊擰眉間的紅印記，那是她偏頭痛發作的前兆。我覺得自己憑空又給家裡添了麻煩。

追溯恐懼，大概與「為何我這麼麻煩，老和大家不一樣」的巨大恥感有關。在職涯起步的初期，我並沒有遵照諮商師建議我的方式，先向內釐清和卸載恥感，而把全部的精力，用來變得和大家一樣。

我開始**模仿**老闆與同事，將人際互動的SOP，拆解成新的專案來消化。重大提案、盛大宴席的前幾晚，勤快做手稿，記下每一個破口要搭配的雙關語、小八卦：誰誰誰最近在關注什麼，誰跟誰近期交好、或老死不相往來。

一開始，我的身體並不排斥模仿，還意外發現自己有點模仿的天分，加上長得一副人畜無害的友善模樣，軟姿態的主動出擊，被拒絕的機會極低，再不曾被人用格格不入的眼光來看待。

破冰的技巧達到一定程度，不用刻意經營氣氛，身邊自然絡繹不絕，一副左右逢源、如魚得水的眾樂樂模樣。然而，每隔半個小時，我就得藉故各種理由、好暫離現場一下。有時坐在廁所馬桶上大口換氣、有時摸黑隱身在後台的雜物堆裡，不斷安撫快要炸開的胸口，沒事的，快結束了。

工作的訓練，作用很接近臨床心理治療的減敏療法，漸進式、持續性地曝露在引發恐懼情節的社交場域，學習放鬆，認知到引發負面感知的事件，只是假想敵，最後降低、克服恐懼。

我得承認，不同產業的交際養成，讓我重新認識身體的閾限，遠比我設想得寬闊；也打破了我的恥感，不介意奇裝異服、載歌載舞，只要自娛和自嘲，能替現場創造出自在的效果。我很難跨越的是，我的頭腦，一直「裝」閉俗。

說「裝」，頭腦裡的抗拒，千真萬確。比起梁朝偉的孤絕，有過之而無不及。腦中的思維是，我不想被打擾，只想跟自己在一起，隨便大家怎麼評價，我不在乎。工作以外，我常常做出一些令人髮指的事，朋友來約，不是八竿子邀不動，就是勉為其難答應之後，最後搬出五花八門的藉口，閉門不出。

因為，好不容易不用再應酬、裝熟，我只想穿得邋邋遢遢，在家閒晃。一天什麼話也不必講。真正熟的朋友，應該懂我。若因此想疏遠，便罷了。這種反差極大的包裝與內容物不符，身處情愛關係中，我屢遭退貨。

對方愛上的是表面熾熱、能一屁股坐下陪吃熱炒的我，真正親近以後，才接觸到我的本性，極度冷涼，如果話談不到心邊上，我連一杯茶也懶怠和他們對飲。

讀到蘇東坡寫的詞：「揀盡寒枝不肯棲，寂寞沙洲冷。」某一部分的我，並不覺得冷，享受著無人聞問與匹配的孤絕；另一部分的我，倒也願意斂羽振翅、結群而飛。年紀越長，越能感應到兩相拉扯的衝突，我的

頭腦是油的屬性，百轉千折也無法見溶於水，和人群保持著距離；我的身體是鹽或糖的結晶，具備無孔不入的水溶特質，為人際帶來調味。

人們老說，返璞歸真，我心有疑惑，回歸到何種屬性，才算本性呢？從人類圖的角度來解釋，我的頭腦和身體，雖然住在同一個屋簷下，卻各自棲息在不同的區域：頭腦隱居在一樓有落地窗的房間，自得其樂。身體在二樓的地板怡然伸腿，不時期待著有人同坐。

這構成了**我與人際互動的方式，以及外界接收到我的形象**。人類圖以「**人生角色**」來稱之，是穿在每個人身上的外衣，我穿的這一件，叫做**2／4隱士機會主義者**。

頭腦意識的孤隱，符合我對自己內向的認知，與四周築有一層隱形牆，戒備四周不請自來的闖入，需要時間與空間，累積足夠的信任，以等待合適的時機來臨，展現與生俱來的天賦。

身體行為的開放，則解釋了大家認為我「朋友很多」、「擅長交友」的真相。具備社交的溫度，能自然而然發揮人際影響力，創建屬於自己的機會。

初次聽聞人生角色的設定，點頭如搗蒜之餘，也不禁想，這不是很矛盾嗎？身體擅長的事情，頭腦拚命阻擋。難怪我面對人群的恐懼和緊張，從未根除，只是喬裝的功力增強。

喬宜思老師笑笑地應答：「人生，有誰是不矛盾的呢？這樣的人生，才有趣啊。」強迫讓頭腦與身體靈肉合一，對我的設計而言，無異緣木求魚，重點是**覺察**，試圖調節伴隨意識與行為衝突而來的內在消耗。

接到必須觥籌交錯的安排，我的頭腦，免不了濃重的保護色，不自覺擺出生人勿近的姿態，與其一味關門，我進一步轉化意識層面的孤拐，在宴席中，找尋那些和自己一樣，感覺格格不入、不知該往哪裡接話、極度想回家的人，與他們淺淺地吃菜嘗酒，交換著深深的安全感與陪伴。

我亦不再隱藏身體的長項，既來之，則安之。**全然享受**每一個毛孔，完全融入臨場的資賦，相信身體會做出最合宜的舉措，不須刻意彩衣娛親、譁眾取寵。也試著不勉強身體續攤、為了展現忠誠，做最後收攤的人。當身體誠實反應疲累和超載，我知道，該結束或離席的時間到了，禮貌、客氣地畫下句點，是對「社交」的尊重。

我現在想通了**「社交」的意義，是為了連結。**唯有感覺坦適、相安，才能創造出情投意合的連結。**優先拿回讓自己坦適、相安的自主權，就能使對方感受到同樣的自主性和寬裕度，**減輕焦慮與戒備。

社交恐懼症，可能會繼續跟著我、亦步亦趨，也因為這樣的如影隨行，給我激勵：陰影不是阻礙，善用這些陰影，可以替膠著在社交中的同類，提供一把遮蔭。

雨天

一早，天色就暗乎乎的，氣象說過了中午就會下雨。我把長傘吊掛在右手腕，準備出門上班。剛過了第一個紅綠燈路口，手機微微震動了，拿起來一看，簡訊旁邊跟著陌生的名字，是一個長期追蹤我粉專的朋友，向我傾訴職場進退維谷的境地，憂思的程度，像極了即將滂沱的雨天。

我能體會她描述的掙扎，組織一朝易主，團隊跟著改弦易轍，她得當機做出人事斷捨。她的經歷，使我想起自己的。我很走運，在數十年的職涯當中，迄今只遭逢過兩次重大的組織異動與裁撤。而有限的經驗，讓我的適應力和情商數，始終停留在幼幼班的程度，不時自毀前路。

第一次的兵荒馬亂，發生在很年輕的時候，當年我在醫療產業，負責時興的醫美服務。公司代理的微整形商品，市占稱霸全台灣。然而，好景不常，龐大的商機，帶來競品削價、水貨猖狂的亂象，辛苦抵禦幾年之後，醫美商品的總公司，決定將台灣代理權回收，我所屬的事業體，不得不做出人員精簡的決策，以因應營收驟減的衝擊。

我完全沒有見識過這等動盪，不比在代理商，只要認分把工作完成，總有一口飯可吃。企業的變天速度，好比雨天收傘。我必須在極短的時間內，評估組員和自身的去留。主事者告訴我，以目前的態勢，事業體沒有公關人力的空間，你和你的部屬，要麼轉調，要麼資遣。

我的部屬，年輕有為，計畫邊工作、邊存錢出國求學。我覺得她比我更需要穩定的經濟來源，遂主動替她申請轉調其他部門，而自請求去。主事者可能訝異我的無知，也擔心我淨身出戶會頓失依附，便替我安排了其他位置。只是，如此一來，就會犧牲到其他同事。

被影響的同事忿忿難平，論資歷、經驗、上手度，我都不及她優越，為何要走的人卻是她？這根本黑箱作業。於是，工作交接時，對方並不上心，我詢問一些關鍵的進度，換來淡漠的答覆：「我不知道。你現在是負責的窗口了，可以自己去問啊。」

時移事往，我仍舊記得她娟好的臉龐。沒發生這件事情之前，我們是可以共餐的同事。頃刻形同決裂。我做了個跌破大家眼鏡的決定，另謀出路，將屬於她的位置完璧歸趙。

之後，進度接回常軌。她主動且友善地向我搭話，帶著一點說不出的羞赧。我欠缺人情世故的腦袋瓜，從此知道了一點人性的醍醐況味，有情真，有利爭。

我一直以為，第一次面對變動，我的應對不負本性、勉強及格。修習人類圖的這幾年，回頭再想，才發現我的作為，根本不能算是「應對」，充其量是「逃避」。**逃避正面衝突，儘管攸關自我生存或利益，也**

很害怕對方會因為自己的爭取與戀棧，而生氣、受委屈。

第二次再與變動交手，狀況複雜得多，因為部分生殺大權操之在我，由我決定誰是要離開的那個。我一向自詡宅心仁厚，看在老闆眼裡，則是婦人之仁。他揭穿我又想自己落跑的幼稚把戲，嚴正告誡：「當主管，莫鄉愿。劊子手沒人想當，但組織不能個個都是慈善家。」

想當然耳，我做出的資遣溝通，會有多麼避重就輕。一開始，我言不及義，拐彎抹角帶對方去吃僻靜的日本料理。想說高雅的環境，可以軟化尖銳的事實，讓場面看起來和諧。結果證明，難以消化事實的，從來只有我而已。

吃完冷盤，上熱湯之前，對方按捺不住忐忑：「老闆，你是不是有話要跟我說？你就直說吧。」我做夢也沒有預想到這個情境，期期艾艾，把原先擬好的腹稿，講得顛三倒四。

我連正眼都迴避與對方直視，只用餘光悄悄打量他的反應。乍聞自己即將被釋出，不可能表現得泰然，只是，他也不顯得喪志。聽我說完所有的方案，他點點頭表示了解，隨即提議將剩餘的餐點打包：「如果可以的話，我想早點回家，把剩餘的工作做完。這樣，我就能早點開始啟用謀職假，趕快為下份工作打算。」

我受到不小的震撼，覺得他的心理質素，澈底完勝我。為什麼組織偏偏選擇我留下來？我吞了吞口水，嚥下滿腹澎湃，問出最後一個問題：「還有任何事，是你希望我、或組織能為你做的嗎？」

他直勾勾地看著我，彷彿不知道該不該說：「我希望，你能夠更早一點、更直接地告訴我。其實根本不必特地來吃飯，我只求一個痛快與明白。」

痛快與明白，向來是我給不起的。當晉升到必須擔負管理責任的階層，於上承受著指令、於下制衡著壓力，我成了忍辱負重的中流砥柱，日漸練就一套婉轉模稜的搓湯圓手法。人說我圓融，我只是隱忍、把發脾氣的權利讓給別人；人誇我善良，我只是放棄替自己爭。

我所展現的行為模式，在職場數見不鮮的落雨天，形同一座迂腐的貞節牌坊，自以為高風亮節、樂於成全，我的職涯教練卻不以為然：「過度隱藏、壓抑真實感受，特別是負面情緒。**管理需要取信於人，而非討好每一個人。**」並不只一次地提醒我，領導，從來就是吃力不討好的，重點是經由領導，發揚每個人的能力，使大家得以自食其力。

反觀我的做法，是在風雲變色之際，不斷將自己手中的傘，贈予他人，寧可自己落難。我一向把職涯教練的教誨當成耳邊風，直到書寫本文的此刻，方能明白，為何我的老闆評價我軟弱，就他的觀點，嘴上仁義不值錢，必要時刻的當仁不讓，才是千金不換。

恐懼得罪人、傷害人，讓我的領導風格，禁不起外界的情緒干擾和渲染，因而顯得畏首畏尾、沒有原則。就人類圖的能量範疇而言，我的情緒中心是開放的，意即沒有固定的能量運作方式，如同一只空杯，輕易就能承載他人情緒波濤，還可能加倍放大情緒浪潮，任由空杯水滿、氾濫成災，再為此內疚自責。

由於不擅處理令人不舒服的局面和情緒，每當類似的景象重演，我走為上策，心想：「面對不了，我總躲得了吧。」殊不知，**我以避免衝突、降低傷害的角度，選擇的一味退讓、欲蓋彌彰，反而引發了更大的衝突和誤解**。

原本好心替我籌謀的前老闆，怪責我如此沉不住氣，一點點情緒挑逗都忍受不了，打壞他原本的布局。跟著我戰了幾年天下的部屬，雖理解我的決策，無法諒解我的迂迴，事關前程，打開天窗說亮話，才不致耽誤。

在莫測高深的情緒裡，與「衝突」動輒得咎了許多年，最後靠人類圖的教科書聖經《區分的科學》中的一句話，得到了行事的準繩：「對於情緒中心開放的人而言，所謂的恐懼，往往只是自己對衝突的想像而已。

真正的衝突，可能遠比想像中的更輕微，因為那是正確的衝突。若一直迴避衝突，就只能活在生命的表面。」

我回訊給未曾謀面的網友：「風雨將至，我曾是一個痴想隻手遮天的經理人，也做過獨行不必相送的楚留香，但求人人都不為難。不過，**真正的領導者，必須勇於為難，無論是率先發難、還是交相問難，因為，領導不只是公平分果果、一時有甜頭，也還包括審時度勢、汰弱留強，讓碗裡的飯吃得長久。**」

職場的雨天，誰也不想被波及。但是，偶然的變天，也會為我們帶來澄淨。痛快地身歷其境吧，唯有人在雨中，收傘、開傘、借傘的姿態和智慧，才能出落得踏實，而且俐索。

羨慕忌妒恨

我替企業進行危機管理訓練的時候，和大家分享過一個經驗談，星火燎原的社群風浪，看似辯證大是大非，細究根本，脫離不了人性的小情小愛：包括酸葡萄心態的羨慕忌妒恨、傷春悲秋的空虛寂寞冷，以及因為疫情影響，人皆有之的抑鬱糾結疼。

所以，找碴、耍狠、撒潑，除了討公道，重點是討人抱。及早勘透事件埋藏的人情因子，就能平反煙硝，收割正果。台下的同仁被這些拗口的對聯辭令逗樂了，七嘴八舌討論還有什麼眉批可對，有人福至心靈：「哎呀，終歸一句，怪我自己笨嘛。」引來哄堂大笑。

我咧著嘴跟笑，那句「怪我自己笨」，真傳神，徐徐吹動了心底的餘波。脫下衣冠楚楚的講師外袍，台下的我，也只是想要討人抱的小屁孩。

惶惶於交際，我很晚才對社群開竅。有次，跟客戶討論建置官方社群的計畫，對方突然很好奇我的臉書長什麼樣子、有多少知交。當看到我疏於更新的內容，朋友數只有一百人不到，他大感驚訝：「你原始人耶，這樣真的有辦法替我們經營社群嗎？」

我說，經營跟汲營，是兩回事。我有能力替人經營社群，只是不喜歡汲營於自我曝光。正因為理解經營社群需要花費多少修圖、想哏的力氣，我才懶得投入時間成本，吸引他人向我按讚、留言、分享。真人實戰的交際，已經夠我操煩，何必多在虛擬世界裡流連忘返。

客戶是海外歸國的ABC，一時沒聽懂兩者的差異。他洋派地聳聳肩：「Fine, no offense（沒有冒犯的意思），你有把握就好。」後來，專案告一段落，我準備把社群移交給對方，他一臉學富五車的樣子：「我查了一下，有一段話是這麼說的：見山是山、見山不是山、見山還是山。讓我聯想到你和社群之間的關係。」

我點點頭，「所以，你的意思是，我根本還沒上山、不認識山本人嗎？」客戶露出頑皮的神情：「No啦，我只想建議你，有空多爬爬山，你會對社群這個生態，有更holistic（全方位）的理解。」

我不置可否，此後的幾年，社群發展日行千里，我龜速踱步，發文的內容與頻次，和曝晒工作高度相關，只把它當成秀成效、攬生意的招牌。生活也在當時邁入極限運轉，和孕育下一代的保鮮期限進行百米賽，接連生了兩個小孩，擠奶、追奶、做副食品，將所剩不多的腦汁和閒情，一併榨乾。

轉捩點，發生在我接觸人類圖的那一年。離開課堂之後，步履輕快，感覺枯槁的腦和嘴，噴湧出不吐不快的活泉。我試著寫下幾篇課後感，用等捷運到站、陪孩子吃飯、看洗脫烘的程序運轉完的零碎片段，走筆如飛地記錄歲月的萬水千山。我從不曾用這種速度和專注，把自己寫成文章裡的唯一主幹。

喬宜思老師大方地將我的心得轉載到人類圖的社團平台，大批不認識的同學與學長姐路過、有些還慷慨地留下讚美：哇，這個人，文筆超好的，好會寫啊。明知道社群不會露臉，看到這些留言，我仍然在銀幕前紅了耳根，雙頰發燙，像第一次被稱讚那樣。

等我接到人類圖學長丹尼正經八百的邀請，建議我不妨創建專屬的粉絲頁，我的臉更紅了，覺得這是個荒謬的提案。我認為自己的人類圖專業，遠不及已經拿到分析師資格的丹尼，才剛開始學習，開什麼個人粉專，未免野人獻曝吧。

丹尼勸我不要妄自菲薄，社群本來就是開給自己爽的，管別人怎麼看。「橫豎你都是能寫，開了再說。這也是一個好機會，讓你嘗試經營個人品牌。」有他的推波助瀾，我開設了「職場裡的人類圖」粉專，一腳踏入社群這座大山，走出自己從沒想過的蹊徑，和無數驚奇璀璨的經歷相遇。為此，我由衷感謝丹尼。沒有他的坦然告知，就沒有我的昂然而行。

設立粉專之初，我確實寫得爽快。如同網球新手和單牆練習對打與揮拍。只有個位數的粉絲，給我絕大的安全感，零星的按讚，便足以填補一天的失落和空白。很偶爾的幾則留言，我字斟句酌、細細回覆，有在洪荒宇宙的中心，觸碰到微小行星過境的悸顫。

文章也是，愛寫什麼寫什麼，有多長寫多長。沒去顧慮誰喜不喜歡，更不擔心有人對號入座。我寫糞尿都不能自我控制的童年、我也寫荒誕奇情的兩性經驗。職場上碰到的拍案驚奇、小巷裡接收的世情冷暖，還有日子過得不耐煩的無病呻吟，都被我寫成文體不一的小品。

我想，我的高興，是因為**終究找回書寫的引信，以及一個只以我為中心的天地**。就這樣寫了一兩年，慢慢累積了一些粉絲，拿專業標準來看，我僅僅是一個素人，粉專比較接近一張稿紙，不是一個品牌。曾經，我樂於這個定位。

從什麼時候開始動搖的呢？任我揮灑的漂撇颯爽真，也會心生羨慕忌妒恨？應該是從寫出那篇〈我願意等〉，某些心境，開始沒那麼單純。

那篇文章，起於一個再稀鬆不過的日常，大女兒羞怯敏感，一直是班上公認的愛哭鬼。我為此束手無策，換了一個安親班，老師的教育理念十分溫柔，願意等待孩子回穩，陪孩子一起想辦法消化情緒，取代責罰和訊問。

我把這段過程，寫成紀錄性質的〈我願意等〉，沒想到引來極大迴響，迄今仍是我粉專裡轉載和觸及率的榜首。即便和超級網紅相較，破千的分享數字不過九牛一毛，卻形同素人筆下塑造出一座山。

我的手機整天震動個不停，提醒文章按讚、轉載、新訊息與新追蹤者湧入，最後不得不把提示功能關閉。粉專後台的數字更令我咋舌，一篇不到三千字的文章、在一個晚上被看到的次數，超過我十輩子認識的人。

那也許是我一生當中，最接近爆紅的時刻。按照當初客戶的比喻，我算是爬到小小的峰頂，見識了社群的巍峨。感覺能以觀點的優越或稀缺，俯視熙來攘往的群眾。

有天，我留意到一個被我奉為偶像的音樂創作者，居然在我的文章下面按讚，剎時嚇了一跳。認同，於我而言，更像是一種觸覺，我覺得自己被牢牢簇擁著。輕易便忘卻了過去形單影孤，也自給自足的圓滿。

將自身的圓滿，交由群眾成全，是走偏鋒的自殺行為。不過，意圖探究社群最宏偉的珠穆朗瑪峰，我早置死生於度外。日夜構思下一篇同樣轟動的接棒作，該如何下筆、寫什麼主題，甘願放棄遺世獨立的漂撇颯爽真。

社群也有所謂的莫非定律，越執迷想寫出千古流芳的作品，成果越是乏人問津。似乎在告誡每個登山者，山上，不會永遠只有上坡路。

無獨有偶，冰雪聰明的演算法，不忘給我虐心的一擊。隨著粉專追蹤數和觸及率的攀升，經由推播，我看到更多和自己屬性類似、成效表現卻遙遙海放我的粉專，隨手一發文，分享數成千上百。

我逐一點閱，心態上演川劇變臉，從垂涎對方名氣響亮的羨慕、挑剔文字無奇也能引發追隨的忌妒、最後停留在為什麼我嘔心瀝血、卻沒吸引太多人來關注的怨恨。日子過去，我的手段益發幼稚，設定了幾個想要超越的目標，處心積慮解碼他們的發文頻率、貼文結構、粉絲組成，每天留意彼此的流量消長。勝了，沾沾自喜；輸了，指天咒地。

畸形的心，蠢動了大半年，手機每個月都跳出警示，歸結我使用手機的時數，又比上個月多了一點。市面上能看得到的社群、鐵粉經營書籍，全被我狂掃回家畫重點。

直到我寫人類圖分析師的作業，必須以自己的觀點，重新詮釋我位於紅太陽的25號閘門，走鐘的靈魂，才如夢初醒、找著了歸家的路。25號閘門，意味著**純真**，書上寫：「純真，才能讓一個人，在充滿競爭能量的火焰當中，通過檢驗。**行動的完美，在於不事先籌謀、展現發自內心的純良和真樸。**」

反覆讀著這段話，我回想起最早開設粉專的起心，又膽顫、又無懼。**就算害怕寫得不夠專業或正確，我還是義無反顧想寫。**因為我相信，自己多走的冤枉里程，可以替人換來警覺。也想盡情訴說生命帶來的奚落和排擠，最後是如何化作肥沃春泥，厚養我成為擁抱缺憾、安於慢飛的人。

我本來就不是為了成名而寫，是想讓我心中的信念，藉由文字轉化成真、期待成人之美。那篇創下紀錄的貼文，就是最佳例證。事實也證明，在我的粉專裡，所有高度共鳴的文章，都有一個共通點：**動筆時的純真**。沒有虛榮心、得失心、比較心，無心角逐萬人空巷的效應，只忠實於本心，隨時將心比心。

我取消了所有緊迫盯人的關注，放鬆欣賞不預期來到眼前的貼文，常常發現瑰麗的山岳或丘陵，各自成趣，有時亦從中找到遮風避雨的岩壁。很想告訴當年的客戶，**人在山中，我懂了，若只抱持著征服心上山，終會為山所吞噬；唯有心弘如谷，時時都會靜收坐看雲起的大景。**

虛擬和現實的界限，只存乎一線，當陷入羨慕忌妒恨、空虛寂寞冷、抑鬱糾結疼，不要責怪自己笨，這都是登大山、轉大人的必經過程。

實戰陌生人

人類圖學習到四階以後，學院有一個獨特的安排，「實戰陌生人」。顧名思義，這是一個成為分析師前的實習機會，讓我們面對來自不同背景的諮詢者，提供解讀交流服務。

類似雙盲的概念，尋求解讀服務的朋友，事前也不知道會遇上什麼類型與特色的分析師，一切仰賴隨機媒合。說隨機媒合，當中自有巧合，許多身心靈服務都強調磁場的交互牽引，人類圖也不例外，總會有應該遇見的人，出現在我的航道內，這個聚合交集，我們稱之為「分形線」。

在實戰陌生人之前，我已經有過一些替人分析的經驗，多半是身邊的同事朋友，再轉介他們的同事朋友。透過私密節點的口耳相傳，使我這個極度恐慌於交際的人，逐漸構建出有別於檯面社交的微型世界。

約莫也從那時候開始，我清楚意會到自己能量的專擅與侷限。能夠中氣十足地回答周遭的詢問：「花了這麼多錢，你到底要用這張證照來幹麼？」我想成為一名人類圖分析師，近似於職涯教練的概念，我們也會需要人生教練，伴隨著內在覺察與自我開發，**這一生，我們不僅「為人所用」，更要「為己所用」**。

所以，比起教學的大型能量場激盪，我更享受一對一的緊密互動。不過，所謂的享受，每一次都是從無數焦慮、懷疑、忐忑中開始。攤開大家的圖，總感覺像第一次解讀那樣棘手。

學院很明白準分析師的心魔，喬宜思老師不時提醒，感覺棘手，是因為太想表現得得心應手。炫技，是一種選擇，但絕對不是服務的初衷。四階開課初始，喬宜思老師請我們各自寫下想要成為分析師的原因，若未來感覺力不從心、走火入魔，就把這張紙片拿出來瞧一瞧。

我寫下的理由，很簡單：**使大家感受到愛。學會給自己愛。相信自己值得愛。**這是人類圖帶給我的力量和信念，我願生生不息地傳達下去。

初心畫出「分形線」，前來敲扣我門窗的朋友，多半為愛受苦。自以為旁觀者清，到很後來才發覺，不同時期的「實戰陌生人」，亦迴照著我深淺不一的境遇主題。彷彿命運透過陌生人的嘴鼻，輕輕向我送來招呼：「Hello, stranger，別來無恙？」

我第一次接觸解讀的對象，來自學長丹尼的引介。對方是執教鞭的投射者，既想了解自身設計，也想詢問實務建議。丹尼於是想出了一個創新的雙人解讀模式，由他擔綱人類圖設計層面的解說，而邀請我同以投射者的角色，提供職場實戰經驗作為援引。

案主在學術領域貢獻頗豐，精益求精、勇於嘗試的心念，應用在自身上，相得益彰；應對到組織和教學，卻適得其反，常為此感到苦澀與沮喪。

想當時，我還很「嫩」，不比學長丹尼游刃有餘。我準備了好多張投影片，預先設想了幾個類似情境的職場前例，迫不及待想告訴對方，該如何針對現況、庖丁解牛。

反觀丹尼，一樣準備充分，但更著重基礎設定的白話解釋。不像我屢屢投擲解方，試圖「句點」提問。丹尼很隨興地使用問句、頓點、破折號，使解讀變成行雲流水的談話。就這樣，三人從午茶聊到近晚，很多問題一時沒有明確的解答，也不確定何時會有。但在這樣的對談裡，我第一次觸碰到人類圖分析師的定位核心，**答案，是關乎個人的找尋和課題，我們不能越俎代庖**。

正解，亦非最緊要。歷經了一些人生的波折，漸漸明白，正解之所以令人茅塞頓開，是因為境隨心轉，難易、悲歡的兩極，只是跨越咫尺心河的距離。所以，能提供觀點轉圜、激發思考借位，才是人類圖分析師的價值。

那次談話的尾聲，我送了對方一本書，是記錄作者麥克・辛格如何捐棄小我執念，欣然擁抱生命所有安排，最後收穫奇異旅程的《臣服實驗》。

我和對方說，我知道的人類圖知識比你多一點，這並不代表我比較優越，而能指導你該怎麼做。「其實，我也還在實驗的過程之中，恐懼著不知道會發生什麼。我們可以一起練習，放下自我干預，讓生命來作主。相信我們的設計和天賦，會帶領我們走上自己的路。」

秉持這樣的心念，我後來又遇到了很多、很多朋友。基本上我們素昧平生，僅憑著人際推薦、社群推播，他們向我揭露生命最底層、甚至從未與他人言說的事件或時刻。迄今，我都無法找到足夠深刻的文字，以感謝他們對我的信任和開放。

如此重託，也讓我開始面對人類圖分析師的第二課：如何全神傾聽、如何轉身切割。對我而言，這是比拿著人類圖知識、替人先下指導棋，或自以為高人一等、對他人的行為妄加評斷，更艱難百倍的功課。

我雖然沒有精通靈氣的本領，可我對人的磁場感應，十分敏感。往往先從圖面之上，預先接獲某些大小、形體、感知不一的情緒或能量。好處是我能很快地與案主建立共感，以讓他們感覺自在和安全的方式，慢慢觸及糾結與勞損的源頭。

然而，一旦打開潘朵拉的盒子，共感有多深，陷溺就有多深。我曾為了案主悲傷到喘不過氣來的經歷，連續嘔吐好幾天，沖馬桶的時候，覺得自己心裡的某一小塊也跟著被水沖走。我也曾在無預警的情況下，被案主告解一些漆黑不見五指的舊事，每到天黑，就開始心慌意亂。

「解讀的這幾個小時，心無旁騖地只和這個人在一起。解讀結束了，回過頭來好好地過自己的日子。那些對方與你分享的事，終歸不是你的事。」四階課程的專業知識量很大，還包括心理素質的鍛鍊，喬宜思老師向我們強調「專注」與「出離」的重要性，唯有心態轉換得宜，保持能量場健康穩定，服務才能做得長久。

一些朋友教導我能量清理與結界的方法，我試過幾次，的確有效。不過，追根究柢，清理與結界於我只是治標，問題的根本還是在於，我太想幫助大家解決自己的問題。

我的人生使命，輪迴交叉愛之船，用於詮釋愛、以及展現愛。以愛，構成船身的軟件，航向名為愛的終點。對於落水和浮沉的人而言，愛之船是厚實溫暖的救生艇，我也一直以此自許。有讀者替我取了小名：人類圖的媽祖默娘。意味人生無垠，我就是救渡苦海的林默娘。

看到這個小名，我不禁莞爾，即刻回覆：我沒那麼神啦。但心裡依然浮現出、因為得人信靠而衍生的責任感和濟世情懷。隨著我接觸的人群漸多漸廣，日益膨脹。忘了我本不是神佛，神佛尚且有其應允的規矩和旨意。**愛，雖無遠弗屆，無限上綱的結果，最後讓我喪失了愛的客觀**

和中庸。

我們當然對前來的案主，有相當的責任，得確保資訊傳達的正確性，避免隨意貼標籤的物化行為。再者，抱持同理與接納的立場，也是我認為分析師的必要素養。

我依然信奉這些準則，而調整了「藥到病除」的神人心態。事實上，我將落水和浮沉的人，看作手無縛雞之力的難民，本身就是一種偏見。當我不把解讀的焦點，放在拯救或施予，而是回以平等的交流和互通，解讀便能發揮互惠雙幫的效果。

不只一次，我從對方告訴我的事件中，看到了自己的矛盾和掙扎，根據早一步發生在我身上的經驗，和他們分享怎麼開脫的方法。又或是從他們的描述與反饋，發現自己作繭自縛。

許多人以為人類圖是未卜先知的算命系統，也有很多人，在接觸人類圖以後，認為無法立刻獲得解答而感覺失落，這些認知的落差，也曾經困擾著我，我希望大家能從我這裡找到謎底、得到物超所值的結果。因此讓自己一再越線，將能量全數用於被動「救生」，而不是激發「求生」。

時隔多時，我再次把當初寫下志向初心的紙片，攤回眼前。上面的字跡沒有改變：使大家感受到愛。學會給自己愛。相信自己值得愛。我的心跡，轉折多彎、終於落葉歸根。

我想成為人類圖分析師，不是為了救濟世人，而是**還力於人**，讓更多朋友理解，人生的困難和限制，對於每一個人的設計而言，都是一種催化及加乘，翻轉的鈕蓋，旁人再怎麼喊燒賣力，唯有靠自己才能啟動。

至於答案，遠在向外呼求的時候，我們已經瞭然於心。作為一個分析師，我不需要過分替人操心，只需鼓舞大家親近、順從、不再否定自己的心。

後記
文心藍，愛的終局和謎底

以文心藍作為發表新書的筆名，是為了紀念替我起立本名的爺爺。他以不拘傳統的開明，將孫系的女輩列入族譜，也嶄露了他文思澎湃的才情，傾注婀娜的想像於襁褓之齡。我們幾個堂輩姐妹，名尾各自搖曳著一朵「蘭」，個人的風采特質，恍若爺爺期待的那樣，人如其名。

只是，對於自己的本名，我一直抱持著矛盾而分歧的情懷。筆劃繁複不說，音節又平仄不分，唸起來如同懸掛雙腳的音符，聲氣飄搖，總在需要安分之際，頻頻走調。

我名字中間的用字，取自樂器。這並不是艱澀的字，只不過很少被排列在中間。細問原委，是出自一個夢境。就在我預計誕生的前幾晚，爺爺描述，漆黑的盡處，突然聽聞有人在吹笛。

笛聲忽遠忽近，音色清麗，幽遠定心，令人聯想起渡化無數的觀音。爺爺和我說起這個典故，一直深信我是應隨笛聲而來的賜予。我降生的意義，必能婉轉如笛，讓人聞之動容，暫卸煩擾紛紜。

「笛」字貌似脫俗，偏偏我生來普通，音律更是一竅不通。在迢遠不知所終的求學時代，有同學替我把中間的名字改喚成「豬」（台語的豬，音同笛），暗諷我蠢笨如豬，連一首簡單的笛子都吹不好。

那些年，我慣常低著頭。肩胛骨形成了猥瑣的駝溝。稀少被人張口喊喚，偶爾寄來學生宿舍的信件與包裹上，「笛」字形成頻繁的變化球，有迪化街的「迪」、也有歌仔戲女旦狄鶯的「狄」，還有人寫成洋派的「藍迪」。舍監目不暇給：「你說你到底叫什麼？」我頭也不回地上樓：「不重要，我就是住三樓單間的那個。」

出了社會，從小被時間凌遲和鎮壓的節奏，從那刻開始加速。唯有在工作上，我的名字不再跟無能和無聞連結在一起。

老闆傳令我，急如星火，常常從走廊那一頭長驅直入，從不敲門，由恨鐵不成鋼的焦慮，到激勵我再下一城的沸騰。客戶呼求我，無所不在，每每以地方包圍中央的溫度與密度，直搗京城。

有一晚，我和遠道而來的外國廠商吃飯。按照慣例，我以極為簡短的語句介紹自己。將中文名字上下顛倒一下：「你好，我叫Landy。」

「Landy？哦，好有趣。我很少聽到這個英文名字。背後有什麼含意嗎？」外國客人很感興趣。我在心底直嘆氣。名字就一個指稱代名詞，有人叫約翰、有人叫瑪麗，會有什麼含意？方便稱呼而已。

不過，這是個很好的破冰題，我裝作大有學問地回答：「這是從我中文名字挪移過來的諧音，笛蘭，Landy。」唸出自己的中文名字時，感覺一陣不由自主的難為情，聲調也跟著變得很輕。

「哇，你的中文名字好好聽。笛、蘭，我的發音正確嗎？」外國客人唸起來字正腔圓，頗為標準。我稱讚對方是學習快手，巴望快點結束這個話題。

外國人沒有想結束的意思，偏著頭一陣吟哦：「咦？那你為什麼不乾脆就叫笛蘭呢？Dylan。我覺得笛蘭很特別，很像你。」

此時，上了第一道熱菜，鮮香四溢的蟹黃粉絲煲。我彷彿看到救星，一邊介紹這道菜，一邊幫他裝盛在碗裡。對方並不急著動筷，悠悠吐出一句話，精準掀鍋了我的防禦：「你應該以你的名字為榮。你這麼為人著想、給人溫暖，就像一個優雅的lady（淑女）。以後我都要叫你，笛、蘭。」

那次的對談，成了絕響，我們沒能長期合作下去。他一定想不到，「以你的名字為榮」，聽來輕而易舉，卻耗盡我半生歲月在拚命。所有的努力，只為了證明名實相符。

之後，我仍然以Landy自居，連電郵下方的簽名檔，都省略中文姓名不提。直到我再度因為工作的機緣，遇上了一個精通能量和靈氣的老師。

交換名片的當下，對方特意翻到印有中文姓名的那一面，意味深長地看了許久：「這真是個好名字啊。很符合你與生俱來的能量。」我的能量？我不就是個賣弄口舌、四處奔走的打工仔嗎？

老師搖搖頭：「不不不。你太低估自己了。笛，有一種浸潤的意境，和你身上散發出來的穿透性，互為幫襯。蘭，則代表了高潔的心志，你對自己的靈性修為，有很高的期許。當找到天命，必會達到『**潤物細無聲**』的境地。」

那一席話，使我回想起爺爺多年前向我描述的夢境。隱約的笛聲，好像正準備踏破渾沌而黝黑的夜色，朝我徐徐前行。我有點害怕、有點期待，不知道將來現身在明朗月光下，與我正面相對的天命、或本真，會是什麼模樣。

在天命還未大白之前，我先走到了人類圖的路上，艱鉅地學習「接納本我」。接納自己是音樂與運動白痴、是易胖體質、是天生黑肉底，現在，**正準備接納自己的名字**。

這篇作品，是我起始這本書的第一個故事。當時下筆，仍有自己的倨傲和執迷，語法也許華美，奈何敘事清寂。春旭總編輯對我說：「感覺你還有點抗拒，並沒有真正準備好。」

是嗎？我鐵口不願意承認，但那些既不愉快、亦不光彩的成長經歷，我都如實寫出來了呀。我一邊續寫其他章節，一邊無限期擱置這個故事。不時會打開來張望一番，塗改增刪的紀錄，號稱本書之冠。

當然也替這個故事思考過其他去處，預備以精緻又深竣的文學筆觸，叩關文壇獎項。臨到投遞前，總是猶豫。都說文如其人，讀文就能望穿個人心思。而故事亦有獨到的肝腸，會替自己謀求傾吐的台場。我決定再給這個故事一個機會，讓它選擇最想被念讀的歸宿。

於是，又再度回到了這裡。原本窮途孤苦的故事，時隔大半年以後，竟也跟著轉筋易骨。起因是，我必須思考該以什麼樣的名義，來發表自己的第一本書。好似是宇宙的一記回馬槍，**測試我對自己的「接納」，夠不夠接住我排斥許久的名字**。

我的粉專名義太長，不好記憶，春旭總編輯建議我，可以取一個筆名，作為起耕的基礎。苦思多時，沒有靈感。我不想取一個花裡胡哨的名字，而希望從這個名字裡，反映出我想帶給大家的真實。同時，記取爺爺對我的珍視和祝福。

有次，我在蒐集市場趨勢的資料時，看到一段關於二〇二〇年代表色的描述，心內大感震動：「我們生活在需要信任和信心的年代，『經典藍』正反映人們對於穩定、自信的渴望。這是一種雋永的藍色調，簡潔而優雅，帶來平靜、自信、連結。」

這正是我想傳達的。

平靜、自信，是我從人類圖得到的無上授予。那些被我視作塵埃、泥濘一般的日子，我曾經以為會跟著我的名字拖沓一輩子。沒想到，它們在最後幾次的改稿過程中，被我逐一抹去。除了讓過往暗影，深深投射進我的名字，我有能力做出其他選擇，將其編纂成文，婉婉致敬幽折的日子。

連結，則是我期待藉由書寫，能夠做出的極大化給予。短短幾年的粉專經營，我搖晃著禿筆，一次次探觸那些蟄伏在表淺名字下，深邃的心渠和冰丘。**彼端總有回音，好讓彼此都曉得，我找到你了，我聽得見你。**

為文的心，是最初的心，也是不變的心。這顆心有過很多不切實際的奢求，全書完稿的現下，發現這顆心之所以持續跳動的理由，和「經典藍」的色調喻義雷同：「看到天空，會想到今天尚未結束，期待前方會發生什麼。」

將自己的名字視為累贅，不只一次想著「乾脆就在今天結束吧」的過往，每一天都值得被繼續，讓我有機會寫下這本書，告訴和我一樣疲憊的對方：「嘿，**天色還藍，人生還長。我們可以休息，但不要退場。**」

因此，我慎重地給自己起下筆名：文心藍。春旭總編輯問我：「所以，這代表你已經接納自己的名字了嗎？」我想，我已能自外於本名的字形，而厚植字義的使命：**放下對自己、對際遇過於嚴厲的鞭笞，不再力求出類拔萃；轉而把歲月當紙墨，用心領受，盡情與悲歡交融，**如同爺爺最愛的文心蘭，質氣尊貴、花形奔放，儘管困頓、懵懂，依然枝椏豐綽。

唯願閱讀的你們，能在文中找著自我的蓓蕾。讓脫隊或離索的心，得以回到內在安放，依從著對自己的愛，歸順成自在的行伍，不趕路，也不貪圖。

文心藍，曾經牽掛著爺爺對我無上的期許，現在，則蘊含著我對大家無比的祝福。

國家圖書館出版品預行編目 (CIP) 資料

不辜負自己，就是最好的人生：人生中場重開機，以人類圖回歸真我的奇幻旅途 / 文心藍著. -- 初版. -- 臺北市：遠流出版事業股份有限公司, 2023.10
面； 公分
ISBN 978-626-361-226-6(平裝)
1.CST: 自我實現 2.CST: 人生哲學

177.2 112014260

不辜負自己，就是最好的人生

人生中場重開機，以人類圖回歸真我的奇幻旅途

作者——文心藍
總編輯——盧春旭
執行編輯——黃婉華
行銷企劃——鍾湘晴
美術設計——王瓊瑤

發行人——王榮文
出版發行——遠流出版事業股份有限公司
地址——104005 台北市中山北路一段 11 號 13 樓
客服電話——(02)2571-0297
傳真——(02)2571-0197
郵撥——0189456-1
著作權顧問——蕭雄淋律師
ISBN——978-626-361-226-6

2023 年 10 月 1 日 初版一刷
定價——新台幣 390 元
（缺頁或破損的書，請寄回更換）

遠流博識網
http://www.ylib.com
E-mail: ylib@ylib.com